MÉTOPES

DU MÊME AUTEUR
CHEZ LE MÊME ÉDITEUR
(Collection « Essais et Critiques »)

Le Livre des Rencontres.
Le Cahier d'Alceste.
Les Dits d'Alceste (sous presse).

GEORGES LOSFELD

MÉTOPES

POÈMES

DIDIER
15, rue Cujas, 15
PARIS

AVANT-PROPOS

En haut des temples de la Grèce, les métopes, plaques sculptées que séparent les creux verticaux des triglyphes, sont de calcaire et plus souvent de marbre. Chacune a son thème et pour autant dire, dans cette lumière, son chant. Leur longue suite, au-dessus des colonnes doriques, forme une frise. Mes Métopes *ne sont ni de pierre, ni de marbre, mais d'argile. Et l'ensemble qu'elles ont tracé n'est qu'un livre.*

I

PROÈME

1

LA FRISE

Les métopes seront la frise
Au front du temple en marbre nu,
Ici même où le soleil grise
Le Centaure et le dieu cornu.

Un peuple morne à face grise
Lorgnera ce monde inconnu
Drapé de lin que tord et brise
Un vent du large mal venu.

Ces reliefs, — qu'en vain les triglyphes
Isolent chacun dans son champ,
Et que toi, haletant, tu griffes

D'un ciseau chercheur et tranchant, —
Feront enfin, haut vers la nue,
L'offrande blanche et continue.

2

LA CHUTE

Tout s'en va. L'on dirait que l'homme fait sa stèle.
Ce siècle jette à l'autre un pont qui se détruit.
Écoute. C'est la voix des astres qu'on appelle,
C'est le sanglot du monde aux abords de la nuit.

3

LES OMBRES

Laisse autour de la table ainsi tourner les ombres,
Pleines de membres blancs, de muscles et de chairs.
Tous ces corps à genoux, formes que tu dénombres,
Sont les torses ployés de tes esclaves chers.

Non, ce n'est pas en vain que tu les martyrises,
Que ton regard s'émeut des flancs que tu meurtris.
De la peau que tu mords et des os que tu brises
Naît le poème pur dont toi seul sais le prix.

Laisse-les gémissant autour de l'humble table
Ces ombres dont la peur n'égale pas l'ennui ;
Offre-leur quand tu peux quelque grâce équitable
Et songe que leurs maux t'éloignent de ta nuit.

4

LE DÉMIURGE

Tu prends la pierre et tu la tords en tes mains fortes.
La pierre est ce pavé, ce bloc sorti des monts.
Alors, de tes doigts fous, les femmes, les démons,
Les fleurs mêmes s'enfuient de leurs immenses portes.

O démiurge fervent qui sais les paradis !
Rien ne peut se flétrir, ni le bois, ni l'argile,
Ni le métal de pourpre en sa rouille fragile,
Quand tu viens les mêler à tes jeux interdits.

Penche-toi, forgeron, sur l'enclume. Délivre
Les vieux mots prisonniers qu'enferment les cachots.
Sur le brasier divin bande tes muscles chauds,
Et l'aube jettera ses flammes sur ton livre.

5

LE RÊVE

Ton rêve est fait de cruauté.
Écoute sourdre, flamme impure,
Et siffler la lanière dure
Qui va rayer la nudité.

Ton rêve est un cri du vieux monde,
Mort à jamais, fier et dément,
Lourd de tendresse et de tourment
Et nimbé de lumière immonde.

Crois en lui malgré sa laideur.
Sa fièvre est fleur de la vesprée,
Marrube étrange ou centaurée,
Qui sertit l'ombre de grandeur.

C'est lui qui montrera ta voie
Et ta montée au peuple sot.
Ton rêve est un sublime saut,
Bien que nul ne sache et ne voie.

6

PRÉFACE AU LIVRE ÉTRANGE

Voici ce livre grave, étrange et condamné,
Semblable au rêve impur, jamais abandonné,
Que tu gardes en toi comme un joyau des îles.
Voici ce livre, écho d'un cri des forces viles.

Voici l'amas des jours et des nuits emmêlés
Halant leur fil sans fin aux rivages ourlés
Par l'écume des mers que la rage remue.
Voici, pleins de secrets, au seuil de l'heure émue

Où l'amour sans ramage à l'horreur se confond,
Les signes, les appels qui vers l'aube se font
Tels ceux des égarés dans les tempêtes fourbes.
Voici ce livre ouvert zébré de noires courbes.

Nul n'y verra son masque ou son esprit perdu,
Et n'y retrouveront un vieil hymne entendu
Que les héros du soir qui lorgnent les étoiles.
Narcisse y cherchera des lignes et des voiles

Pour y mouler en vain son long corps dénudé.
La femme y prend sa place avec son front bandé
Et l'adolescent pâle y vibre dans ses glaces.
La bouche s'y dessine en des lèvres voraces,

Mais la vierge y rougit sous l'affront du baiser.
C'est le livre où chacun sent l'ombre s'iriser
En n'y découvrant rien que trouble et meurtrissure.
Voici le livre étrange où ta fièvre s'épure,
Où ton sanglot n'est plus qu'un rire dégrisé.

7

ÉTUDE

Tu buvais ta liqueur afflée,
A jour faillant, dans du cristal,
Rêvant l'amour triste et brutal
D'une fille blonde et giflée.

Seigneur, vois ce beau parchemin
Que tu payas tant de pistoles.
Était-ce donc pour ces nuits folles
Ou pour suivre un autre chemin ?

Laisse la fille et donne au livre
Cette caresse de tes doigts.
Montre l'ardeur que tu lui dois
Et la flamme au front qui se livre.

Écoute ici les mots amis.
Voici la plume et la lumière.
Ton âme entend sa voix première
Et les démons sont endormis.

8

VISION

Une lumière vint. Je l'attendais, je crois,
Ayant au long des jours lu mon étrange livre,
Où, plein de ses rumeurs, tapi telle une guivre,
J'avais tracé des signes rouges et des croix.

Il parlait sur le seuil, après toutes ses courses,
L'homme au grand front jeté loin des rages du bruit.
Son geste avait l'appel des éclairs de la nuit
Et sa voix ressemblait à la chanson des sources.

9

L'ŒUVRE

Voûte cachée et morte, à jamais inconnue,
Ton œuvre est là. Toi seul en connais les arceaux,
Les couleurs, les reliefs qu'adorne ta main nue,
Et les éclats de voix, les cris et les sursauts.

En ses décors, pourtant, secrets comme des landes,
Ton cœur s'est découvert dans sa funèbre foi.
Toi seul as su créer la fresque des légendes.
Nul n'a chanté les dieux plus noblement que toi.

10

LE FOU

L'homme a mangé la mandragore
Et jette au monde un rire fou.
Une médaille est à son cou,
Plaque de plomb qu'un rayon dore.

Il va, rêvant de chemins bleus
Tout pleins d'enfants qu'un ange inspire,
Et mêlant au sien leur sourire
Trempe sa main dans leurs cheveux.

Il hait le chien et la mustelle
Mais festine avec les oiseaux
Et confond son corps dans les eaux
Aux grands pétales de dentelle.

C'est cet homme qu'a marqué Dieu
Pour nous traduire ses paroles
Quand il déploie en banderoles
Dans le ciel noir des mots de feu.

11

DÉFINITION

Poésie, ô murmure, écho de l'eau profonde,
Chant d'orgue pour l'étoile, humbles trilles du nid,
Lueur que fige Orphée et que rien ne ternit,
Force obscure du mot par laquelle je fonde
La ville aux tuiles d'or sur des flancs de granit !

II

ENFANTS

1

DESTIN

L'enfant marchait sur le flégard
Qu'aucune forme ne situe.
L'ombre gisait en son regard.
Sa lèvre chère s'était tue.

C'était l'enfant des temps sans voix,
Sans fleurs ni sources dans les roches,
Et sans les ailes, gris pavois,
Qui font au ciel comme des croches.

C'était l'enfant des vieux hivers
Pleins des secrets à noire bouche
Quand loin des jours aux flambeaux verts
Penchent ceux-là que la mort touche.

Où fuyait-il ? Nul ne l'a su.
Dieu seul connaît sa longue courbe
Dans le grand voile qu'ont tissu
Les mornes rages du vent fourbe.

2

L'ENFANT

J'aime l'enfant aux yeux de givre
Dont le rêve écarte l'affront.
Sa voix se meurt en un mot prompt
Et son geste a l'effroi de vivre.

C'est l'enfant au sublime front
Qui va dans les brisants du livre
Et qui revient le regard ivre
Dont les étoiles surgiront.

Mais je l'aime ainsi qu'une idole.
Il semble paré d'une étole
Et son baiser est interdit.

Ignore la chanson de toile
Où l'Amour nu cherche son voile :
C'est pour l'enfant qui se perdit.

3

CAVALIERS

Quatre enfants blonds aux chevaux de l'Apocalypse
Faisaient dans le ciel noir de beaux cavaliers nus.
Courant près du soleil, frêle et divine éclipse,
Ils regardaient, penchés, la terre aux flancs cornus.

Nous leur tendions nos mains et nos paumes tannées,
Pleines d'appels, de cals, de cordes et d'anneaux.
Mais eux, rieurs, jouant aux voltes retournées,
Partaient, ayant trouvé des astres pour traîneaux.

4

LE JEU

Dans le jardin rayé de branches
Qu'un vent d'hiver dénude et mord,
Tous les jeudis et les dimanches
Les enfants jouaient à la mort.

Le plus âgé faisait le prêtre
Et le cadet l'enfant de chœur,
Et le défunt, noir comme un reître,
Était couché, la croix au cœur.

Ce n'était pas un jeu sinistre
Mais un rêve tragique et beau,
Avec des chants, des voix de cistre,
Et l'or agile d'un flambeau.

D'autres suivaient, pleins de silences,
Portant les tiges de l'été,
Et les baissaient, funèbres lances,
Dans un frisson d'éternité.

5

L'ENFANT MEURTRI

Que fais-tu là dans ta tristesse,
Enfant paisible et mutilé ?
Ton front a des rêves d'altesse
Qui règne au pays de Thulé.

Ta grâce est celle des archanges
Et des tiges du champ fleuri.
Tu lis un livre aux traits étranges.
Ton regard est beau comme un cri.

O lecteur pur, lumière blonde,
Plein des candeurs du fabliau,
Je t'aime ainsi, secret du monde,
Frêle et lointain tel un joyau.

Garde ta voix. Ta lèvre morte
Sait le sourire sans les mots.
Que le silence soit ta porte,
Que le bonheur soit dans tes maux.

6

SOURCE

Ah ! douceur de ce front d'enfant
Tel un brugnon que tu caresses.
Loin de tes rives les détresses
Et le regret qui te pourfend !

Hais donc l'amour et ses guirlandes,
Ce pantin qui fait l'aguichant,
Et va-t'en tranquille, marchant
Parmi tes livres et tes landes.

Là chemine ce compagnon
Que tu cherchas toute une vie
Et dont ta fièvre inassouvie
T'a caché la grâce et le nom.

Tu renaîtras de cette source.
Il danse et brouille les jonchets.
Ses bras sont comme deux archets
Dans le grand rire de sa course.

7

ENFANTS ET TRAINS

Il n'est que joie en cette gare.
Vois ces enfants et ces longs trains
Gonflant leurs cœurs, cambrant leurs reins,
Et rêvant des flots du Sangare.

Ils s'en vont tous, beaux éperviers,
Loin de nos heurts et de nos tourbes,
Et pour tracer leurs grandes courbes
Ils n'ont point que rails et leviers.

Ils ont l'espace de leurs songes,
L'appel des voix au firmament,
Et la fièvre, et le cri dément
Des blancs coursiers cassant leurs longes.

Vois s'ébrouer trains et enfants
Comme vaisseaux pleins de mâtures
Sur la plaine des aventures,
Sillons stériles et mouvants.

8

TRÉSOR

Le poète a besoin de toi,
Enfant qui fixes les étoiles
Et qui le soir étends tes voiles
Sur la pelouse et sur le toit.

Cette moisson que tu recueilles
Est brillante d'astres perdus
Et de tous les fruits descendus
Des nuages en longues feuilles.

Viens la porter dans la maison.
Nous la mettrons en cette chambre
Pour chercher son or et son ambre
Dans la fièvre et la déraison.

Au filet de pêche des ombres
Nous puiserons à pleines mains
Le vieux trésor des parchemins
Lourds de formules et de nombres.

Nous compterons les rêves chus
Entre les lacs de nos magies
Avec leurs vaines liturgies
Et leurs flambeaux fiers et branchus.

Puis ayant choisi des alfanges
Dont les dieux ont vanté le prix,
Accueilli de chants et de cris
Du ciel noir les turgides franges,

Pâles de joie et francs d'ennui,
Fouillant dans la toile profonde
Nous trouverons la voix du monde
Parmi les flammes de la nuit.

9

CONTEUR

Tu t'inclines sur la légende.
Des hymnes vont surgir en toi
Chantant la fille du vieux roi
Qui s'en vient seule sur la lande.

Alentour sont tous ces enfants
Pleins de grâce et d'espièglerie.
Pour eux tu n'as que rêverie
Et qu'amour dont tu te défends.

Narre-leur quelque longue histoire
Des palais et des marbres bleus,
Loin du pays morne et frileux
Dont la neige a banni l'ivoire.

Donc te voici, conteur penché
Que la tendresse éclaire et voûte
Et qui fais naître sur la route
Le char d'ébène de Psyché.

10

FÉERIE

Va, marche et chante sur la drève,
Toi pour qui l'univers est l'eau,
Toi, l'enfant blond cerné de rêve,
Toi dont le cœur est un flambeau.

Change en dalles ce que tu foules,
Lève les fleurs de tes doigts purs,
Laisse donc là toutes les foules,
Fais un royaume de ces murs.

Rien n'est plus grand que ta pupille,
Grande des gloires de l'été.
Dans les rayons que ta main pille
Rien n'est plus beau que ta beauté.

Va dans ce cri de l'éphémère
Plein de l'espoir sublime et prompt,
Sans écouter la voix amère
Qui met un nuage à ton front.

11

PARIAS

Seigneur, toi qui, grave et muet,
Aperçois de ton ciel aveugle,
Dans notre immense menuet,
Tout ce qui chante, hurle et meugle,

Vois ces enfants sur leurs genoux
Dont la prière est le silence
Et qui comme toi, près de nous,
Portent au flanc la lourde lance ;

Vois ces enfants, les mal-aimés,
Qu'un père a chassés de sa route,
Et qui s'en vont, les yeux fermés,
Dans un rêve que nul n'écoute ;

Vois ceux-là dont nul n'a pitié,
La cohorte des enfants tristes,
Fervents du soir, morts à moitié,
Pareils aux loups des blanches pistes ;

Vois les enfants des temps amers
Qu'on mena vers les boucheries,
Perdus ainsi qu'au fond des mers
Dans les vieilles infanteries ;

Vois, Seigneur, les enfants valets,
Les enfants chéris de personne,
Les enfants noirs, les enfants laids,
Les enfants pour qui rien ne sonne,

Pas même au vrai le long clocher
Cerné d'échos, d'éclairs et d'ailes,
D'où tu tires, sublime archer,
Des flèches grises d'hirondelles...

Prends-les tous en ton grand manteau.
Que vain ne soit plus leur murmure
Et que la neige en son étau
Soit pour eux la divine bure.

12

JEUDI

Tu jouais avec une corde,
Bel innocent du temps passé,
Et tu rêvais de quelque horde
Galopant le cœur oppressé.

Tu courais seul dans une chambre,
Traçant des ronds et des lassos.
C'était un jeudi de septembre
Tout plein de cris et plein de sauts.

Plus tard, quand l'heure devint blême,
Tu changeas brusquement de jeu
Pour aller t'en prendre à toi-même
Et jeter ton corps dans l'enjeu.

Tu te dressas devant la glace
Et brisant tous les interdits
Tu tentas la suprême audace.
C'est ainsi que tu te pendis.

13

LE BONHEUR

Le bonheur est ruban léger
Qu'au flanc des monts un dieu délace
Et qu'au hasard des vents il place
Sur la sandale du berger.

Ne cherche rien pour t'affliger.
Bois l'eau sans prix du bon Wallace.
Laisse le temps figer sa glace
Et va loin du sol étranger.

L'heure du soir chante et s'ébroue.
Le moulin meut sa grande roue
Et fait tourner les voix du nid.

Puis l'enfant blond, quittant la route,
Pose les mains sur cette voûte
Et prend les clous de l'infini.

14

INSPIRATION

Tandis que ta lampe te grime,
Toi, poète aulique et blafard,
Te soufflera-t-elle ta rime,
Avec ses vers du boulevard,

La petite fille qui chante
Des chants d'amour, dans le jardin,
Et qui déjà fait l'aguichante
En sa robe à vertugadin ?

Elle nomme une place forte,
Où se livrent de preux combats,
Et le héros qui sur la porte
A manœuvré le bélier bas.

Du vieux bourg aux royales hordes
On déverse du plomb fondu.
Mais la dame, lançant des cordes,
Au chevalier a répondu.

Poète, écoute l'innocence
Qui s'exprime là malgré tout.
Tu souffrirais de son absence
Si tu chassais l'enfant d'un coup.

Sa voix a des appels étranges
Pour te conduire à l'inconnu.
Suis la fillette aux blondes franges
Sur son chemin sonore et nu.

15

L'ENFANT TRISTE

C'était le vieux temps pas très gai
Du Paris de la Grande Roue.
Moi j'étais, sans qu'on me rabroue,
Cet enfant triste et fatigué.

On n'y parlait que de la guerre
A peine éteinte à lourd fracas,
Alors que rien ne faisait cas
De ce cœur qui ne battait guère.

Rires d'hier, fleurs de Sucy !
Tout n'était plus que deuil sans bornes
Et l'internat aux longs murs mornes
N'avait ni portes ni merci.

Aucun n'a su ta fièvre informe,
Ni tes appels au ciel sans fond,
Ni tes bras fous vers ce plafond
De la funèbre ville énorme ;

Nul n'entendit cette oraison
Que tu disais au matin blême,
Priant, dément, le roi suprême
Qu'il t'accueillît en sa maison ;

Nul ne te vit en l'humble attente
Au fond des cours et des préaux,
Rêvant des preux au Christ féaux
Que l'amour grise et la mort tente,

Lorsqu'en ce vieux temps pas très gai
Du Paris de la Grande Roue
Tu n'étais, sans qu'on te rabroue,
Qu'un enfant triste et fatigué.

16

LE MÉCONNU

En ce temps les petites filles
Te surnommaient l'enfant qui dort.
Toi tu cherchais au creux des grilles
Le lilas et les boutons d'or.

En vain leurs cris gênaient la ronde
Qui te menait vers Domrémy
Où revenait Jeanne la blonde
Sur un cheval mort à demi.

Elles dansaient en robe noire
Parmi les flaques du printemps ;
Un vent triste y mettait sa moire,
Dernière griffe des autans.

Mais toi, secret comme l'aveugle
Ignorant le reflet des eaux,
Tu n'écoutais que l'air qui meugle
Et tu n'aimais que les oiseaux.

17

LE RIRE

L'enfant riche d'amour et déjà d'amertume
Au seuil du long jardin où la haine se tait
Contemplait sans bouger, le regard plein de brume,
L'homme qui devant lui d'un rire l'insultait.

Qui donc saura jamais l'étrange meurtrissure
Dont fut terni ce cœur pour toujours ce soir-là ?
Le temps viendra, creusant blessure sur blessure,
Mais la plaie invisible, ô méchant, la voilà.

C'est l'outrage surgi du rictus de ta bouche,
Le mépris pour tribut d'un appel infini.
La pierre la plus dure est la pierre qui touche
Le front doux et secret que le Christ a béni.

Tu n'es plus qu'un errant de la plaine des ombres
Que n'atteint ni remords, ni reproche, ni bruit ;
Mais ton rire, chargé d'échos lointains et sombres
Me fait souffrir encore au-delà de ta nuit.

18

DOUBLE AMOUR

Cette enfant ne fut pas la mienne
Mais je l'aimais à travers toi
Avec ses yeux terre de Sienne
Et sa robe couleur du toit.

Je l'aimais, étrange espérance,
L'amante frêle des oiseaux,
Et je souffrais de sa souffrance
A l'heure grave où les ciseaux

De la nuit déchiraient la strophe
Dont la lumière et le jardin
Avaient tissu la longue étoffe
Aux blondes rives du matin.

J'aimais l'enfant qui fut la tienne
Et qui fut mienne de par toi.
O double amour ! Qu'il t'en souvienne
Quand vient du soir la dure loi.

19

ÉTOILE FILANTE

Tu lanças l'étoile filante
Dans la moire immense du ciel,
Dieu qui vois le cycle immortel
Comme une valse courbe et lente.

C'était pour elle un premier bal
Que l'on aborde en longue robe
Et que la nuit en feu dérobe
Au jour funèbre et monacal.

Vers l'aube claire, exténuée,
L'étoile blonde aux doigts frileux
Avec sa traîne de cheveux
Tomba d'un coup de sa nuée.

Et toi le dieu, sur ton Ossa,
Tu ne fis rien, ni bond, ni geste.
Mais un enfant rieur et leste
Sans y penser la ramassa.

20

AMOUR

Bel enfant nu ployé sous le carquois de Cnosse.

III

PRIÈRES

1

MÉCRÉANT

Tu priais, mais sans croire en Dieu.
Ton chapelet en l'humble alcôve,
Serpent défunt que ta main love,
Traîne, bijou de mauvais lieu.

Abandonne ces chants de gloire
Que ta jeunesse trouvait beaux ;
N'allume plus l'or des flambeaux ;
Ton oraison est messe noire.

Tes saints de buis sont princes morts
Et tes vitraux flammes éteintes
Dans le sursaut des fauves teintes
Qui disaient le premier remords.

Laisse la fresque aux chapes lourdes.
En vain, ô Christ, s'ouvrent tes bras
Et c'est pour rien que tu crieras
Ton grand appel aux voûtes sourdes.

2

LA PRIÈRE DE PAUL

Pour toi, Seigneur, j'ai pris les routes au soleil.
J'ai refusé le toit paisible, trop pareil
A celui des marchands qui peuplent le portique.
J'ai fui l'atelier calme ou la fraîche boutique.
Ma tente s'est fixée aux lignes d'horizon.
J'ai laissé le seuil bleu de ma vieille maison
Et j'ai trouvé la route ardente qui fut tienne...
Me voici. Il n'est rien qui dès lors me retienne.
Je suis à toi, Seigneur, toujours et tout entier.
Je ne regrette plus ni père, ni métier,
Ni femme parfumant les ferveurs de ma couche,
Ni le chien sur mes pas, ni l'enfant dont la bouche
Me souriait sans voix dans les chants du matin. —
Je suis à toi. — Tu peux dicter. Que mon destin
Sente se dessiner le contour qui te plaise.
Que le chemin de Paul, qu'il s'aligne ou qu'il biaise,
Soit celui que ton doigt divin aura tracé.
J'oublierai mes tourments secrets, ce pied blessé,
Mon souffle trop hâtif que la montagne scande,

Et mon bras sans soutien au désert de la lande,
Et l'angoisse du vent que dans l'ombre des monts
Me versent en l'esprit tant d'étranges démons,
Et le sanglot furtif que l'homme las écoute,
— Pourvu que cette route, ô Maître, soit ta route !

3

L'ÉGARÉ

Toi, divin, qui m'as vu sur l'invisible pente
Où toi-même peut-être as posé ton pied nu,
Penses-tu que j'étais sur le seuil de la tente
Où l'homme errant s'éteint d'un grand mal inconnu ?

Étais-je le héros frappé de fièvre forte
Qui se meurt sans que nul se rappelle pourquoi,
Ou bien l'humble dément heurtant des poings la porte
Pour n'obtenir jamais que le rire ou l'effroi ?

N'était-ce pourtant pas le chemin sans verdure,
Celui qui n'ouvre plus ni havre ni maison,
Celui qui monte et croît dans la lumière impure,
Et mène cependant à la juste oraison ?

C'était le chemin dur que les foules honnissent,
Où le roc se marie au dessin de la fleur.
Qu'importe ! Que tes mains, dieu puissant, me bénissent
Et que tes yeux sans voile admirent ma laideur.

IV

AMOUR

1

L'INOUBLIÉ

Voici, soumis au creux du livre,
Comme un fauve aux troubles hideurs
Flattant le maître qui le livre,
Voici le chant de mes laideurs ;

Voici les souffles nés de l'ombre
Où ce cœur a longtemps dormi
Lourd du regret mort qui l'encombre
Et qui l'a fait vivre à demi ;

Voici les mots nés des fumées
Et les regards pleins de remous
Dans le fond des nuits enfermées
Au flanc des songes noirs et mous ;

Mais il y reste, forme issue
De l'enfant triste que je fus,
— O pure voix, chanson mal sue, —
D'un amour grave le refus.

2

DIX AVRIL
ou
LE PREMIER JOUR

Si tu ressaisissais la lampe
Du passé, ce triste fanal,
Tu monterais vite la rampe
Et retrouverais le canal.

C'est là, dans l'herbe, à cette courbe
Où ton destin se referma,
Un dix avril, à l'heure fourbe,
Que ton cœur à jamais l'aima.

Mais le passé n'a plus de lampe
Pour y guider les morts confus
Et retracer l'ombre qui rampe
Pour toi qui vis et toi qui fus.

Sur le chemin ne vient personne.
Avril n'est plus, prince parfait.
Ne te tourne point lorsque sonne
Un appel du voyage fait.

3

DIX AVRIL
ou
LE DERNIER JOUR

Je te vois au seuil de la porte
Ce soir-là qui fut le dernier,
Gouffre béant sur la cohorte
Des flots du temps, noir nautonier.

Tu souriais d'un air étrange,
Sans parler, craintive à demi.
Tirant son dais le ciel orange
Nous recouvrait, vernal ami.

L'heure sonnait au Val-de-Grâce.
Dans cette rue, autour de nous,
Chacun allait sans garder trace
De ce jour-là pareil à tous.

Mais moi rêvant nos branches vertes,
Sans rien savoir, le cou plié,
J'emportais dans mes mains ouvertes
Le long dimanche inoublié.

4

LE RÉPROUVÉ

La douve et le rempart de ce monde exilé
Entre nous ont jeté l'effrayante limite.
J'ai contemplé de loin la vallée interdite ;
Pour moi seul, ô blancheur sous le ciel étoilé,
Que d'un signe à jamais j'appelle en l'âpre site,
Tu seras celle à qui Dieu même aura parlé.

5

RECOMMENCEMENT

Je t'ai prise en crispant les doigts
Sur ton épaule à demi nue
Et fou de te voir revenue
J'ai dit les mots que je te dois.

C'était un rêve comme un autre
Plus réel que la vérité
Parmi les flammes de l'été
Et les secrets d'un chemin nôtre.

Je t'ai dit : « Ne nous quittons plus.
Chasse les nuits vieilles et mortes ;
Ouvrons pour nous toutes ces portes
Dans l'univers morne et reclus. »

Mais ce bonheur crêpé de moire,
Ce pauvre amour recommencé
Sous le grand dais du temps passé,
C'était plus triste que l'eau noire.

6

LE SONGE

En robe de cendal vous alliez dans la nuit.
C'était le rêve où rien, ni l'ombre, ni le bruit,
Ni la chanson de gambe en son temps oubliée,
Ne peut faire qu'étant à mon destin liée
Vous ne retrouviez là le terrestre chemin,
Le sentier morne où moi, recherchant votre main,
Depuis les jours éteints je suis l'âme égarée.
Ainsi, jeune sans fin et pour jamais parée,
Vous alliez. Vos cheveux flottaient au large vent
Que vous aimiez jadis dans le jardin, suivant
La courbe qui montait jusqu'à la grande route.
Moi j'avançais, rieur ou grave, sous la voûte
Immense que traçait à mon bonheur le ciel.
Du puits je retirais des vases frais de miel
Qui coulaient sur cette herbe où se perdaient les figues.
Nous marchions tous les deux, ignorant les fatigues
Et la dispute vaine et l'orgueil des maisons.
Et puis j'ai vu s'éteindre, aux sanglants horizons
Que le soleil forgeait au déclin du voyage,

Les lampes que mon bras pour vaincre le présage
Tendait, montrant déjà des lettres sur le mur.
Le songe, entremêlé de lumière et d'obscur,
Sublime orchestre ouvert à mes mesures mortes,
Se fermait comme font les hymnes et les portes
Quand vient le désespoir du silence et des nuits.
En robe de cendal, tournant parmi les buis,
Vous preniez la cavée où la rafale perce,
Et dans son cri de fer, fossoyeur lent, la herse
Descendait, à travers le flot des astres roux,
Tranquille, sur l'abîme invisible des trous.

7

LA FEMME DU TEMPS PERDU

Il n'est pas de femme plus belle
Que la femme du temps perdu,
Celle à qui ton rêve est tendu
Sans que ta bouche l'interpelle.

Elle non plus ne parle pas ;
Son sourire est givre et mystère ;
Son pied ne pose pas sur terre ;
Vaine est la courbe de son bras.

Tu la cherches, douce guirlande,
Depuis plus de dix mille nuits
Tandis que pervers tu te nuis,
Vaguant tout seul sur cette lande.

Tu forges, secret, d'humbles mots
Qui couleraient de ton cœur vide,
Mais, vois, l'horizon est livide
Et se moque bien de tes maux.

Nul n'a souci de quelles ombres
Ton front chaque jour est hanté,
Ni de ton cri, d'espoir enté,
Ni des regrets que tu dénombres.

Au vrai toi-même connais-tu
Vers quel passé tu te retournes,
Toi qui d'une voix folle atournes
Un chant d'amour à jamais tu ?

Regarde mieux les formes floues
Dont resurgira ton tourment :
C'est la tristesse qui te ment ;
Sans or sont les yeux que tu loues.

8

LA NAPÉE

Tu t'en allais comme une fée
Déchirant la robe du vent
Et tu déployais en avant
Ton allégresse décoiffée.

Prise aux bras forts du vieil autan
Tu semblais fille de la nue
Qui partirait fragile et nue
Telle une grèbe sur l'étang.

C'était toi, mobile napée,
Qu'en ce temps-là j'aimais en vain
Pareil à l'homme ivre de vin
Qui frappe l'eau de son épée.

Vent du grand jour, plus fou qu'un daim,
Lourd des couleurs de terre et d'ambre,
Ramène aux portes de septembre
Celle qu'on vit, morte soudain.

9

LA GRANDE LOI

La grande loi des mots qu'un dieu seul a tracée
Sur le moule géant de bronzes inconnus,
La grande loi, bourreau qui brime ta pensée,
Est là, dans le sol noir que griffent tes doigts nus.

La grande loi des mots, c'est toi qui la retrouves,
Mouvante comme sont les abîmes du temps.
Un démon te la livre et dans le cri des louves
Tu sens venir à toi l'écume et les autans.

Tu sens venir à toi des fièvres qu'on ignore.
Du fond des nuits renaît ton amour oublié.
La grande loi des mots, qui grime et qui décore,
Te dénude, homme libre en esclave lié.

10

LE MUR ÉTERNEL

Celle qu'aux jours anciens j'aimais dans la lumière,
Où s'est-elle perdue et qu'est-elle à présent ?
Dieu nous donne l'amour en unique présent.
Ce que nimbe le temps est la forme première.

Tu t'en allais alors, rieuse, t'amusant
A défier le vent, hurleur de rage fière.
Et la tempête était ta joie, et la prière
Montait bientôt vers toi de l'arbre, vert gisant.

Ta voix s'est tue au fond des nuits amoncelées.
Rien ne reparle plus de nos heures celées
Dans l'immense coffret que chacun nous tenons.

Nul ne sait que toi seule en moi seul viens survivre,
Que le mur éternel, sans porte, et fait de cuivre,
Me déchire les mains au fer de ses tenons.

11

L'ÉVANOUIE

Non, ton corps n'est plus rien aux champs ensevelis.
Je te regarde morte après tant de journées.
Les jours ! Que dis-je, à toi que les fourbes années
Par dizaines ont mise aux vagues de leurs plis.

Je reviens. L'herbe croît. Routes abandonnées,
Rameaux d'ombre effeuillés par des doigts avilis,
Que vous font ces regrets et ces mots que je lis
Dans les grands ciels perdus des vieilles matinées !

Ton nom n'est qu'un appel au creux des vents terni.
En vain s'ouvre sur nous le vantail infini.
Ton bras tend vers la nuit sa lampe lourde et vide.

Nos souvenirs sont là dans l'informe désert,
Où l'arbre, faux flambeau, ne sera jamais vert,
Où le moment qui fut se tord et se dévide.

12

LA RICHESSE DE DIEU

La richesse de Dieu, je la regarde aussi
Dans le jardin, là même où tant de voix sont mortes,
Où jeune était ma joie et chaste mon souci,
Où les matins s'ouvraient comme d'immenses portes.

La richesse de Dieu, c'est dans cet amour-là
Qu'elle crût, quand montaient les voiles aux mâtures
De la vie, et dans l'ombre où l'enfant me parla ;
C'est cette eau qui coulait aux humbles aventures.

La richesse de Dieu, ce fut toi qui n'es plus,
Riant dans cette allée à la courbe éternelle,
Les branches qui chantaient, les calices velus,
Les taches d'or, et ta maison, cette nacelle.

13

DÉMESURE

Tu riais de ma démesure
Quand je parlais, ni fou ni sot,
Du palais qu'était la masure
Et du fleuve, ce noir ruisseau.

Tu refusais d'être la fée
Qui porte un monde en son hennin
Et dont la tresse décoiffée
Traîne l'amour, cet enfant nain.

Tu refusais d'être lumière
Dans cette courbe où rien ne luit
Et de rendre leur voix première
Aux gorges mortes de la nuit.

C'était toi, pourtant, la présence
Qui fit sublime l'univers
Où, pleins de faunes qu'on encense,
Jetaient leurs bras mes arbres verts.

14

LE JARDIN

Mon aurore fut ce jardin où le temps bruit.
Je t'aimais, et partout dans le salut des branches
J'allais. C'était aux jours où les robes sont blanches,
Où tout fait rire la voix jeune, où rien ne nuit.

Ses clartés à présent ne montent qu'en moi-même.
Où donc est-il, fermé d'un portail inconnu,
Avec le puits, le chien, la cage et le dieu nu ?
Ses couleurs désormais conjuguent l'ombre, et blême

Est sur le mur secret dont la crête gauchit
La tuile que le vent dans son ivresse accroche.
La mousse n'est que sable, et l'herbe n'est que roche.
Au seuil la nuit s'allonge et nul ne le franchit.

15

NOCTURNE

Pourquoi viens-tu me voir dans les nuits d'aujourd'hui,
Toi qui me renias à l'aube des années ?
Pourquoi viens-tu, portant à l'heure où tout a fui
Cette clef inutile aux portes condamnées ?

Ce rêve où je contemple un regard inchangé,
Qu'est-il ? Est-ce l'appel des fosses que l'on ouvre ?
Est-ce le glas dernier de l'amour outragé,
Est-ce le cri muet fermant un lit de rouvre ?

Au fond du corridor des jours vécus sans toi
J'avance pour étreindre, ô forme anéantie,
Ton épaule où la chair dessine un galbe froid
Et reprendre en tes yeux ma jeunesse blottie.

Affreux réveil issu de ce songe insultant !
Que ne suis-je plutôt devant ton vrai visage
A lire, en ces débris de l'éternel autan,
Que rien n'est plus, plus rien, que nulle ne m'entend,
Et qu'à jamais sont morts les joncs du vieux rivage.

16

APPEL

Mon cœur t'appelle encore en sa chair déchirée,
Et sur cet horizon, où la mer étirée
S'enfuit comme une plaine aux stériles sillons,
J'ouvre mes bras déments, tragiques pavillons
Levés devant les flots de la sinistre écume.
Au loin j'entends le bruit de quelque énorme enclume
Où Dieu forge, impassible, un rêve pour nous tous.
Et tu reviens à l'heure où se glissent les loups,
Avec des fauves gris pleins de rumeurs étranges,
Traînant, tel un tapis dont s'accrochent les franges,
L'ombre des jours, affronts dans le lointain perdus.
Tu me reviens. Le soir, lourd d'échos suspendus
Que cette terre accueille et que le ciel égoutte,
Ressemble au chant meurtri qui monte sous la voûte
Et s'éternise au seuil des mondes inconnus.
Mon cœur t'appelle. Au flanc des fleuves longs et nus
S'en vont, cortège blanc, les barques chavirées,
Pareilles à des corps faits de chairs déchirées.

17

LA FUITE

Le ciel, vieux parchemin que l'Éternel déroule,
Couvrait ta fuite, amant sur le sable éperdu.
Ton cœur n'était plus rien que le lambeau qu'on foule
Et tu courais, esclave à ses routes rendu.

Aujourd'hui tu le vois comme une bande inerte
Cet immense chemin sous tes pas abrasé.
Les puits sont desséchés, la terre s'est ouverte.
Et le ciel est parti, grand livre méprisé.

18

LA VOIE

Cet amour triste qui se musse
Dans une écale sans défaut
Se pourrait-il qu'ici je l'eusse
Désormais chanté comme il faut ?

Ce n'est pas lui qu'on doit redire.
Laisse au passé ce grand dieu mort
Et va tel un lougre qui vire
Dans le vent nouveau qui te mord.

Écoute la tempête obscure
Dont la fureur envoûte et nuit
Et qui dans sa force n'a cure
D'un appel au fond de ta nuit.

Regarde bien les bras énormes
De tous ces arbres déchirés
En ce monde où girent les formes
Loin de nos vaisseaux amarrés.

Abandonne à jamais ces rives.
Rien là-bas ne t'appartient plus,
Ni branches courbes, ni solives,
Ni brin vert au flanc du talus.

Cet amour-là n'est que jachère.
Ne croissent qu'herbe et que mépris
Sur la route qui te fut chère.
Va vers l'ombre où nul n'a de prix.

19

EXIL

Les terres et les mers ne seraient-elles rien ?
Dis-le, toi qui ne sais leurs vastes amplitudes.
Mais moi qui les connais j'étreins leurs solitudes
Et j'ai vu que l'angoisse y reste pour seul bien.

Ombre des soleils purs, où seriez-vous perdue ?
Je cherche et n'aperçois que ces sols étrangers.
Ce soir, quand renaîtra mon regret des vergers,
Ta voix, quel pieux écho l'aura-t-il entendue ?

Car je t'appelle, ô toi, longeant des espaliers,
Qui vas sans te ternir au vent qui se prodigue.
Et, tandis que les ans, muets, trament leur ligue,
J'évoque de ton ciel les arceaux oubliés.

20

PASSÉ

Tu tournes ces ans révolus
Comme un bandeau qu'une main tresse.
L'amour est bien cette détresse
Dont on ne guérit jamais plus.

Aux confins graves de cet âge
Qu'on aborde l'air angoissé
Tu relis le roman froissé
Qui s'écrivit page par page.

Tu bois parfois le même vin
Qui coulait pur en ta jeunesse
Et tu lutines la faunesse
Qui traîne autour d'un char divin.

Laisse pourtant ces formes nues.
Que t'importent tous ces flacons ?
Paix aux secrets des mots abscons
Du passé mort aux voix menues !

21

CONSTANCE

J'écoute au creux des nuits l'écho de ta parole.
Le temps n'a-t-il rien pu sur cet amour profond ?
Le vieux fleuve pourtant me montre son symbole,
Et cet arbre muet, noir et nu, me confond.

22

PRÉSAGE

Je revois ta maison avec ses roses blanches
Qui tendaient leur candeur aux arbres attristés,
Et les tuiles du toit, sanguines avalanches
Vers des parterres fous de fécondes clartés.

Mais sur l'oblique allée, au-delà de la grille
Qui va strier le sol de ses pochoirs forgés,
Vers le tiède logis que la guirlande habille,
Les cyprès ont tracé leurs dessins allongés.

Dès l'aurore avançait l'inflexible présage.
Dans l'aube un signe noir paraphait l'horizon.
C'était l'amer refus de ce bonheur trop sage,
C'était la vague d'ombre étreignant la maison.

23

ENTREVUE

Nous partirons ce soir au long de ces allées
Lorsque tu reviendras ainsi que chaque nuit,
Et nous écouterons les choses en allées
Qui naîtront de l'automne et du vent qui te suit.

Nous serons ces muets des étranges veillées
Dont se closent les yeux sur un monde inconnu,
Loin de la vanité des heures égaillées
Aux stériles sillons de l'amour pâle et nu.

O femme retrouvée au seuil de mornes fièvres,
Tu ne seras plus rien qu'un sage compagnon,
Et je ne pourrai même aux lignes de tes lèvres
Savoir si leur secret est celui de mon nom.

24

DOULEUR

En ce temps où ta vie était plaines et routes,
Voyageur de la nuit que nul dieu ne défend,
Tu marchais en pleurant la plus belle de toutes
Et le plus bel amour et le plus bel enfant.

25

FORME

Dans l'univers au long cortège
Qui s'étire, tragique et lent,
Voyageur lourd que l'aube enneige
J'avais porté le grand deuil blanc.

J'avais tracé le grave signe
Comme une croix sur le manteau
Du pérégrin fervent et digne
Que l'hiver prend dans son étau.

J'avais laissé, par l'ombre atteintes
Dans le sanglot des carrefours,
Les flammes folles mal éteintes
Et la prière des doigts gourds.

Et me voici devant la douve
Du donjon morne de la nuit,
Glauque miroir où je retrouve
La forme claire qui me nuit.

26

VENT

O toi, princesse du vent fou
Dans les automnes oubliées,
Courant, les boucles déliées
Comme des flammes sur ton cou ;

O toi qui ris et me regardes,
O toi qui chantes à travers
Le manteau noir de trente hivers
Traînant leurs jours ainsi que hardes ;

O toi qui fus l'unique voix
Et l'avenir aux grandes portes,
Dans cette brume tu m'apportes
Des mots éteints le clair pavois ;

Ombre des nuits, vierge de ride,
Enfant secrète que j'aimais,
Tu t'en reviens, jeune à jamais,
Dans le vent fou que rien ne bride.

27

PROFONDEURS

Laisse le jour qui va, plus triste que la brume.
Aux lueurs de l'été n'accorde que mépris.
Jette au ciel que tu hais la hargne de tes cris
Et ferme ton regard aux vagues de l'écume.

Reviens au fond des nuits. Leur gouffre s'est ouvert.
Ton corps est ce lambeau. Ton cœur est cette cible.
Et le chagrin perdu de l'amour impossible
Éternise pour toi le chant du printemps vert.

28

QUINTIL AU SECRET

L'arbre est transi, raide et gercé.
Incline à terre tes yeux vides.
Avril est mort au temps passé.
Noue à ton front ces longues rides
Et redis-toi le vieux verset.

29

ORAISON

Or, dans le grand silence où, tranquille, nous scrute
La nuit, prunelle noire à la fourbe clarté,
Au seuil de l'ombre informe et de la fauve lutte,
Et malgré le chagrin par les mers emporté
Que vous me fîtes autrefois, durant l'été,
Reparaissez un jour, une heure, une minute,
Avant que tout s'en aille en l'humble éternité.

V

AMOURS

1

LEURRE

Tu vas par des chemins pleins de fleurs ou de fange,
Tu marches dans tes jours rayés de vent subtil,
Et puis un soir, au ciel que strie un signe étrange,
Tu dis, vieux et méchant : « L'amour, à quoi sert-il ?

A quoi servent ces jeux dont nous fûmes les cibles ?
Que survit-il, amis, de vos rondes sur l'eau ?
Avez-vous découvert les cités impossibles ?
Où donc vous ont portés ces vagues et ce flot ?

Rien ne reste. O beauté, ta lueur n'est que ride.
L'amertume est un lot qui n'appartient qu'à toi,
Amant, voyageur triste à qui la plaine aride
Ne donnera que nuit et tombeau pour seul toit. »

2

SÉPARATION

Regarde bien. Contemple tout avec tendresse.
Fixe dans tes yeux chers l'étroit décor ami.
Entre ces murs déjà notre passé se dresse.
N'observe plus mon front qui se voile à demi.
Nous allons tout quitter, la ronde familière
Des nuits et des matins et des après-midi,
Où tes bras énervés m'enserraient comme un lierre,
Où j'entendrai longtemps l'amour que tu m'as dit.
Nous allons tout quitter, la chambre presque morte
Où les froids de novembre étaient vécus sans feu ;
Ces pauvres murs fanés, ces rideaux, cette porte
Que tu fermais à clef en frissonnant un peu ;
Notre fauteuil bancal mal rembourré de laine,
Et le réchaud noirci qui nous faisait du thé ;
Nos tasses, que bombaient des flancs de porcelaine
Ornés par les dessins d'un large trait bleuté ;
La boîte de carton aux cigarettes blondes
Dont les bouts de porphyre abîmaient le divan ;
Mes livres dans l'armoire aux misères profondes,

Dormant, fiers et chagrins, dans leur papier savant ;
Le buffet brun, trapu, commode et de vieux style,
Gardien d'humbles trésors et d'étranges goûters,
Et sur son marbre gris le pierrot inutile,
Très pâle, rêvassant à de lointains étés ;
La sombre cheminée où se gonflaient deux vases
Que jamais une fleur n'avait enorgueillis ;
Et mes petits portraits où se fixaient les phases
De visages mouvants sous d'autres ciels vieillis ;
Le guéridon central sur sa natte de Chine,
Traçant, ovale clair, ses contours allongés ;
La table où tant de fois j'aurai courbé l'échine ;
Les tentures aux plis de poussière chargés,
Traînant autour de nous des grâces surannées ;
La grande glace bleue aux libertins effets,
Devant laquelle, au soir d'étonnantes journées,
Tu remettais de l'ordre à tes cheveux défaits ;
L'alcôve et ses secrets où tremblent des lumières,
Avec son lit trop lourd de ferveurs et de mots...
Regarde bien... Voici dans ses forces premières
Monter le jour dernier plein d'ombres et de maux.

3

CHANSON AIGRE

Tes cheveux noirs cernent ma joue.
Voici l'automne revenu.
Nous regardons le vent qui joue
Parmi les bras de l'arbre nu.

Sur les trottoirs lamés de boue
Vibre un vieil air par trop connu.
C'est la minute qui s'ébroue.
Écoutons bien son pas menu.

Les heures tirent sur leurs longes,
Chevaux du temps que plein de songes
Fouette un aurige sans merci.

Désir qui meurs et te forlonges,
Demain tes mots seront mensonges ;
L'amour sera très loin d'ici.

4

CHANT

L'homme chantait, seul sur la route,
Halant son ombre, long fardeau.
Il chantait et pleurait sans doute
Sur le chemin près du cours d'eau :

« La bague que je t'ai donnée
Avec ses trois brillants sertis,
Est-ce le gage d'une année
De bleus mirages consentis ?

Non, c'est presque l'anneau suprême
Que l'on glisse au doigt des époux.
Marions-nous à mi-carême
Parmi les masques et les fous... »

Sa voix montait. Le ciel d'automne
S'enfuyait et n'entendait pas.
Malgré lui, dément monotone,
L'homme chantait, traînant ses pas.

5

LE SEUIL

Au bord de l'humble alcôve où parfois nous entrons,
Tu te poses, sans voix, vaguement indécise.
Car tu sais bien qu'aux soirs futurs nous reviendrons.
Il faut que chaque chambre au rêve soit promise.

Il faut que chaque seuil soit digne du retour.
Il faut que chacun puisse en l'orbe des années,
Secret, tracer un signe à l'impossible amour
Perdu dans le grand chœur des nuits abandonnées.

6

CHAMBRE

Ce lieu n'a point changé. Silence, aspect des choses,
Tout est pareil. C'est nous qui sommes revenus
Pleins d'ombre, et recouvrant de nos métamorphoses
La pièce aux murs constants et ses meubles connus.

Je caresse les doigts de tes mains irréelles,
Je cherche dans tes yeux un voile partagé,
Et j'écoute le chœur de nos voix parallèles
Dans ce retour commun que ma fièvre a forgé.

Il fait froid dans la chambre aux tentures trop grises
Où le vent dit ses mots, ses pleurs et ses remords.
Les objets sont glacés aux places qu'ils ont prises,
Mais nous ne sentons rien, car nous sommes des morts.

7

CULTE

Elles sont là, gisant dans l'ombre, ainsi que mortes,
Avec leurs vingt ans clairs qui ne vieilliront pas.
De ces jours oubliés j'écoute un bruit de portes
Que scandent dans ma nuit des appels et des pas.

Elles sont là, jeunes défuntes. Je les aime
Comme on aime un enfant qu'on a perdu petit.
Je retrouve des noms, sans honte et sans blasphème,
Et j'écarte en secret plus d'un fourbe interdit.

8

MAUVAIS RÊVE

Entendez-vous ce bruit ? Je crois que c'est le guet
Qui marche dans le vent lugubre de novembre,
Ou peut-être Satan qui dans l'ombre se cambre.
Non, c'est le guet, le son d'argent du soleret.

Va, rejoins le pavé paisible de la rue.
Quelque compagne attend dont l'œil cupide luit.
Et toi, parmi les creux funèbres de la nuit,
Tu lui découvriras toute sa gorge nue.

Entendez-vous ce bruit ? Je crois que c'est le guet.
Entrons nous mettre à l'aise un peu dans une chambre.
Amie, ils rythmeront dans le vent de novembre
Notre amour sans regard au son du soleret.

9

VÉRITÉ

O toi, morte déjà depuis autant d'années,
Qui dors informe, nul ne sachant en quel lit,
Toi morte par la mort et morte par l'oubli,
Hapée au fond des nuits par leurs vagues damnées,

Sans connaître mon nom, toi seule m'as connu ;
Prisonnière sans voix de chaînes interdites,
Loin de l'amour, des mots, des danses, loin des rites,
Tu m'as contemplé fou dans ce jeu triste et nu.

10

FANTÔME

La nuit d'hiver était venue :
Voici bien trente ans de cela.
Elle était, celle que voilà,
Près de la glace, toute nue.

Le temps ourlait de pauvres jours
Sur l'étoffe de ma jeunesse.
C'était l'heure de la tristesse
Et non la fièvre des amours.

Je te revois, pâle et menue,
En l'eau fidèle du miroir,
Et dans la trahison du soir
Tu m'étais presque une inconnue.

Je te retrouve. La maison
N'a plus ses marches ni sa porte.
Depuis longtemps je te sais morte
Sous le drap givré du gazon.

11

VOLUPTÉ

Tu la mettras comme une morte
Sur la table où ton parchemin
Traîne sa gloire obscure et forte
Pleine d'encre noire et carmin.

Un démon fou poussant la porte,
Les bras chargés d'ive et d'hormin,
Viendra faire en criant escorte
Aux rites graves de ta main.

Toi, tu seras cet amant sombre
Comme un bourreau que cerne l'ombre
Penché sans voix sur le flanc nu.

Alors va naître au crépuscule
Ta fièvre, rouge tentacule,
Que tu nieras le soir venu.

12

LIBÉRATION

Fleuves d'ombre aux tranquilles crues,
Te font invite au creux du soir
Les plaisirs du gondolier noir
Qui s'abandonne au fil des rues.

Car tu n'es plus le céladon
De qui l'une s'était moquée,
Si ta douleur, au front marquée,
Tu la gardes, funèbre don.

Filtrant l'écho de voix ténues
Chantent les pierres des maisons.
De l'amour s'ouvrent les prisons.
Va délivrer leurs formes nues.

Loin de toi le fourbe mépris.
Franchis le seuil de cette enclave
Et mords la bouche de l'esclave.
Ta joie, au fond, est à ce prix.

13

ARIA

Toi qui ne sais plus rien que l'heure anéantie
Et regardes le flot de l'ombre sur ton seuil,
Toi qui retiens, fidèle, en son passé blottie,
La barque morte aux crocs funèbres de l'écueil,

Amant qui te souviens et déchires l'étoffe
Où tes chagrins secrets désormais sont tapis,
Tu t'avances, traçant la grande et lente strophe
Que chante l'homme pauvre en glanant des épis.

14

LA DANSEUSE

Sous les pergolas étalées
Tu dansais, montrant tes genoux,
Quand l'avenir était à nous
Plein de soleil dans ses allées.

L'avenir n'a plus de rideau.
Où donc es-tu, danseuse étrange ?
Serrant ses voiles qu'on dérange
Le temps rame sur son radeau.

La nuit s'en vient, navire informe,
Avec du vent le long des baux.
L'allée est riche de tombeaux.
Le soleil est mort sous son orme.

Où donc es-tu, vieille et sans voix,
Danseuse lasse et repliée ?
Où gisez-vous, inoubliée,
Sous quelle pierre et quelle croix ?

15

L'AUTRE VIE

Quand j'ai frappé de ma sandale
Le chemin frais jamais connu
Tandis que sur la rouge dalle
S'agenouillait l'esclave nu,

Alors la porte s'est ouverte
Sur un seuil jamais rencontré,
Et rejetant ma canne verte,
Voyageur las, je suis entré.

Puis je vis, au fond, une femme,
Un visage jamais cherché.
Sur elle, sans un geste infâme,
Éperdu je me suis penché.

Et j'ai pensé : voici le dème,
Le sentier, le jardin qu'il faut ;
Voici l'étrangère que j'aime,
Voici le foyer grave et chaud.

Je ne sais encor qui vous êtes,
Arbres, maison, regard sans nom,
Et je vis de sublimes fêtes
Où pour rien l'on ne me dit non.

Ah ! que nul ne vienne et ne m'ôte
Votre fière irréalité
Et que je demeure cet hôte
Qui fut, sans même avoir été !

16

LE JARDIN NOIR

Si tu viens au jardin des rives et des fleurs
En songeant que bientôt sera close l'allée
Et courbant ton front ceint de chants et de couleurs
Comme on cherche, le soir, une place dallée ;

Si pour toi ce jardin est le jardin des morts,
Si le rayon de mai n'est qu'un rayon de brume,
Je saisirai ton bras avec le cri des forts,
Je fendrai l'air hostile, et l'ombre, et son écume,

Puis je te conduirai loin des flots de la nuit.
Tu ne quitteras point ce long chemin de joie,
Car ce sera le nôtre, où la lumière luit,
Où je te porterai, telle une chaude proie.

17

LE JARDIN DES MORTS

La beauté qui s'en va dans la mort sans pardon,
Je l'étreins, et je crois à sa forme éternelle.
Sur le sable assoiffé je mets une maison.
Où l'eau ne sera point je pose une margelle.

Je brave le destin des temps indéfinis
En figeant mon regard sur la pierre immobile,
Là même où nos doigts gourds ne seront pas unis,
Là même où le serment n'est qu'un mot inutile.

Sur cette nuit qui vient j'ai fait chanter l'espoir.
Dans le jardin des morts je vais chercher mes branches.
J'ai contemplé ta bouche pâle sans la voir.
J'ai gravé l'avenir au marbre des croix blanches.

Et nous voici penchés vers le sol inconnu.
Nous ne jalousons pas la lumière des autres,
Car, sans oser lever nos yeux vers le ciel nu,
Nous évoquons des jours qui ne seront point nôtres.

18

LE COMBAT

Le désespoir est fort, car je vaincrai la nuit.
Nous franchirons l'horreur de ces landes obscures.
Suspends autour de moi tes doigts, offrandes pures,
Ne penche plus ton front comme un oiseau qui fuit.

Je veux te reconduire aux blanches matinées,
Charger tes mains d'enfant de rameaux faits pour toi,
Et, retrouvant l'écho de la plus humble foi,
Je veux te ramener dans l'orbe des années.

La voix d'un dieu me parle en la mort qui te suit.
Mes yeux t'aimaient sans voir ta compagne impassible
Et j'allais, te guidant sur la route impossible,
Où chaque pas te blesse, où chaque instant te nuit.

Maintenant que j'écoute au creux de ma pensée
Le vent qui dans le soir ébranle ta maison,
Démon tragique et sourd à la fière oraison
Que prononce l'espoir vers sa haine insensée ;

Maintenant que je lis ainsi que mot connu
La flamme sous tes cils qui déjà s'humilie,
Et que j'entends crisser la chaîne qui nous lie
Sur cette pente noire où glisse ton pied nu ;

Maintenant que je sais que l'ombre et la lumière
Ont conjugué sur toi leur pâle trahison,
Ton épreuve sera ma gloire et ma raison,
Et mes bras déchirés, méprisant la prière,

Se tendront tout armés d'un glaive brave et beau.
Mais du combat de l'homme avec les rages brutes,
Et de l'étreinte affreuse, et du sanglot des luttes,
Naîtra l'aube, riant devant le jour nouveau.

19

PARTAGE

Les dieux se tairont tous quand ils sauront ton mal,
Car c'est l'effroi des dieux que la beauté blessée.
Et l'un d'eux qu'émouvra ta jeunesse offensée
Viendra, géant penché sur une fleur du val.

Nous t'aimerons ensemble au seuil de ce jour blême,
Lui l'immortel, qui cherche en ton œil étonné
Son humaine figure et son front prosterné,
Et moi l'amant, surpris dans un secret blasphème.

C'est ainsi que déjà, dans l'ombre qui grandit,
Errant vers l'aube rouge aux rives de ta fièvre,
Tu peux voir s'incliner sur l'émoi de ta lèvre
Le dieu vaincu, geignant comme esclave maudit,
Puis l'homme fier et preux que le malheur baudit.

20

IRRÉALITÉ

Tu rêves ton étreinte ainsi qu'un chant de gloire,
Tu rêves ce cri pur qui monterait de vous
Et la caresse étrange où s'offre sans y croire
L'amant qui s'humilie et n'aime qu'à genoux.

Tu cherches les détours de cet amour sans routes
Et ne découvres point les vallons traversés.
Le temple où vous montez est sans frise ni voûtes,
Et vos désirs du soir déflorent vos pensers.

Vous êtes les enfants de la Terre Promise
Où coulent des ruisseaux que nul n'a jamais vus,
Et près du grand miroir où l'ombre se tamise
Vous inventez vos corps de voiles dépourvus.

21

L'ENFANT DES EAUX

Je t'aime, bel enfant des eaux pures du monde,
Qui viens, fragile et nu, lisser tes flancs étroits.
Je t'aime, capturé par la vague profonde,
Ouvrant tes bras de fièvre aux rages des vents froids.

Je regarde en secret ta bouche qu'un mot grise.
Je contemple tes cils où l'émoi se surprend.
Le geste que j'épie est un souffle. Imprécise
Est cette voix qui naît aux cahots du torrent.

J'anime de frissons cette chair ignorée.
L'argile, je la mue en un bronze vivant,
L'angoisse, en ce plaisir de l'ombre, qui recrée
Ta lumière, enfant nu dans les griffes du vent.

22

L'ÉCHANSON

Voici la coupe d'or que me tend l'échanson,
Le naquet triste et plein de rêve. La chanson
Qu'il dit ressemble à l'eau qui coule, et son invite
Est celle des vieux temps où l'amour, noble rite,
Ignorait le complot des hommes et des lois,
Où cet enfant trop beau pour être aux pieds des rois
Aurait été promis à de divines bouches.
Voici la coupe d'or qui répand sur nos couches,
Où rien de ce qui fut ne sera jamais plus,
Quelque liquide amer duquel sont révolus
Les rires qui naissaient près d'une lyre prompte.
Tu chantes, fils d'un dieu, sans connaître ta honte,
Comme autrefois quand l'ombre, humble cours débordé,
Retrouvait la lumière en ton corps dénudé.

23

COURBES

O flancs charmants, torse fragile,
Œuvre d'un dieu qui me fut cher,
Formez vos courbes, frêle argile,
Vos courbes d'ombre et d'humble chair.

Dessinez l'arc étrange et trouble
Que prend l'amour en attribut,
Pour que mon corps trouve son double
Dans le délire du vin bu.

Je vous ferai cette caresse
Où les ongles sont imprimés,
La caresse fauve, maîtresse
Du secret de nos bras fermés.

Ce sera l'heure, au crépuscule,
Dans l'impossible qui s'étreint,
De ton cri, bouche minuscule,
Que l'on espère et que l'on craint.

24

LE NARCISSE

Dans le miroir épris des courbes et des lignes
Tu regardes tes flancs de lumière écorchés.
Ton corps est là, semblable à ces dieux ébauchés
Qui naissent de la nuit pleins d'offres et de signes.

Tu jettes un cri pur à ta sublime chair
Qu'anime le regret de l'étreinte inconnue.
En vain te vient frôler la femme douce et nue,
En vain te nomme encor celle à qui tu fus cher.

Dans ce vide pareil à l'aube dépouillée,
Tu tends vers toi l'appel de ton bras impuissant.
La main qui te parcourt te griffe jusqu'au sang
Et tu n'es plus qu'une ombre haletante et souillée.

25

LIBERTÉ

Loin dans le temps des latomies
Dont tu passas l'étrange seuil
Ayant laissé la mer en deuil
Pleine de voiles endormies,

Loin dans ces lieux entends la voix
Qui sur ses trilles lents égrène
Le chant félon de la sirène
Et le rire inconnu des bois.

Vois au jardin des oléandres
Danser, dressant ses chaussons bleus,
La nymphe blonde aux doigts frileux
Qui tend sa bouche à goût de cendres.

O rêveur triste, esclave nu,
Tu préfères tes humbles chaînes
Et ton corps qu'en amant tu traînes
Vers l'eau du fleuve au soir venu.

26

LA TRIBADE

Que cherchais-tu cette tribade ?
C'est en vain que ployant le cou
Comme un esclave qu'on dégrade
Tu vivais pris à son licou.

Elle allait vers d'autres offrandes,
Rêvant de corps en nonchaloir
Et de bras pareils aux guirlandes
Et d'yeux très grands cernés de noir.

O toi l'amant des formes vraies,
Que faisais-tu dans un tel lit,
Bronze d'un dieu dans les ivraies
Qu'une rouille étrange avilit ?

Tu ne trouvas sur cette couche
Ornée en creux d'Éros trop beaux
Que le refus de cette bouche
Promise aux râles de Lesbos.

27

REGARD

Pareille aux sœurs des Dioscures,
Toi qui nageais, bronze porté
Sur la masse des vagues sûres,
Tu longes l'heure où ta beauté
A jeté l'algue et ses parures.

Lourde à présent, ta nudité
Porte l'hiver et ses fourrures ;
Mais tes yeux sont pleins de l'été :
L'amour cerne leurs pierres dures
Et j'y vois son éternité.

VI

PHILIPPE

1

LE SOLDAT MORT

Il est revenu, grave et pâle,
Certain soir, dans l'ombre à demi.
Il est revenu, morne et sale,
Lui, le soldat mort, mon ami.

Alors je murmurai : « Philippe,
Te voici. Franchis donc le seuil.
Veux-tu bien fumer cette pipe ?
Reprends là le pauvre fauteuil. »

Il s'est assis près de ma porte,
Comme un voyageur en souci.
Je lui dis : « Viens. Notre cohorte
De longs souvenirs est ici.

Rappelle-toi : les chants de Gênes,
Et Paris aux humbles amours,
Et la chambre vide d'Athènes,
Et la faim tout au fil des jours. »

Je me penchai : « Philippe, écoute
Ma voix ; oui, c'est la même au fond
Qu'en notre temps de grande route. »
Mais soudain, muet et profond,

Il me dévoila ma détresse.
Car j'aperçus ses yeux de nuit.
Et je regardai ma jeunesse,
Morte elle aussi, morte avec lui.

2

L'AMI MORT

Je t'ai revu, toujours vivant et toujours jeune,
Philippe, dans un songe, avec ta flamme au front.
C'était encor le temps des rires et du jeûne,
Des chambres, des matins, et du demain profond.

La lumière des mots que tu jetais aux villes,
Et tes fresques de l'or, des mages et du vin
Renaissaient. Et ma voix pleine d'ombres serviles
Au vantail de la nuit criait ta mort en vain.

3

JEUNESSE

A Catane les citronniers
Faisaient de grandes nappes vertes.
C'était mars aux portes ouvertes
Devant les enfants prisonniers.

Nous allions riches de nos storges.
La lumière, ô mon compagnon,
Était pour nous un vin sans nom
Que nous buvions à pleines gorges.

L'ample avenir semblait un cri
Qui montait dans les longues voies ;
Par gerbes y tombaient les joies
Sans nulle pause ni sans tri.

La mer avait sa voix humaine.
Les laboureurs de ses sillons
Levant des bras lourds de haillons
Nous chantaient l'hymne de sa plaine.

Nous regardions l'ombre des mâts
Où s'égosille la sirène
Quand l'aube rauque nous égrène
Des astres mornes les trémas.

Des petits faunes à nébride,
Désirs secrets, dansaient partout.
Ainsi mêlant et brouillant tout
Passait des jours la geste vide.

Comme larrons pris sous le muid,
Nous paraissions, rites étranges,
Ivres du ciel aux blanches franges
Sans voir les signes de la nuit.

4

ANNIVERSAIRE

Trente ans déjà. J'ai toujours mal.
Trente ans de nuit qui t'enveloppe.
Ici pourtant l'heure galope
Comme un jeune et fol animal.

Trente ans de vin et de lumière,
Trente ans d'amour abandonnés,
Et tous ces jours noirs et mort-nés
Sans l'âme frêle et coutumière.

J'ai toujours mal. Vain révolté
Après le printemps et ses fontes
En réclamant à Dieu des comptes
J'ai franchi le tragique été.

L'automne est là qui nous rapproche.
Et je pose, avançant vers toi,
Mes dernières fleurs sur ce toit,
Frère endormi sous cette roche.

VII

HÉROS ET MYTHES

1

ATTENTE

L'épervier a mangé la hase
Et dévoré tous ses petits,
Et déjà l'anathème embrase
La déesse aux lourds interdits.

Elle a mis l'entrave aux trières
Près de la plage et loin des vents.
En vain s'exaltent les prières.
Des marchands s'ouvrent les auvents.

Un roi s'affaire sous sa tente.
Hâtifs s'en vont les messagers.
Un peuple scande son attente.
Sa fille avance à pas légers.

Le désespoir est l'espérance
Qui reste au souverain maudit,
Et son baume est cette souffrance
Qu'un devin sage lui tendit.

2

L'AÈDE

Celui qui chantait le scolie
Dans la grande île de Corfou,
Dressant la grappe qu'humilie
Le dieu fort ou le prince fou,

C'était l'aède aux mains de pierre
Toutes blanches comme aux frimas
Et de qui naissait la prière
Qui se crie au sommet des mâts ;

C'était ce voyant plein de songes,
Plus hardi que sont les héros,
A qui l'aurige dans ses longes
Et le chasseur jetant ses crocs

Auraient voulu prendre les cordes,
Pour dire aux hommes leurs combats
Et célébrer les vieilles hordes
Dont on ne parlait que très bas ;

C'était l'ombre semi-divine
Qui pour s'épandre parmi nous
Révélait ce que l'on devine
Et mettait les rois à genoux ;

C'était le maître aux mots sublimes
Dont sont marqués fleuves et monts,
Que l'on écoute sur les cimes
Et que redoutent les démons ;

C'était le mage qui recrée
La légende qu'on ne sait plus
Et fait monter la voix de Rhée
De chaque fleur sur le talus.

3

LE RÊVE D'HÉCUBE

Un brandon, du sein nu d'Hécube,
Sortait, jetant le feu partout ;
La reine saisit un surtout,
Couvrant la flamme et le succube.

On fit mourir deux nouveau-nés
Pour conjurer la voix maudite
Et la cité fut interdite
A cent esclaves condamnés.

Bientôt naquit, au mois des vignes,
Dans le palais, un prince blond,
Que bénit un devin félon
Avec des branches et des signes.

L'enfant grandit et les bergers
Chantaient sa grâce sur leurs flûtes.
Des soldats, délaissant leurs luttes,
Le conduisaient dans les vergers.

Le temps passa. Le mauvais rêve
Ne fut plus qu'un conte oublié.
Puis une nef au mât plié
Prit le prince un jour sur la grève.

Comme jadis les fils de rois
Il voyagea sur les eaux glauques
Avec des prêtres aux mots rauques
Et des chiens noirs dans ses arrois.

Il visita toutes les îles,
Et l'Occident jusqu'à Pilos,
Ayant des hommes et des flots
Bravé sans fin les rages viles.

Quand il revint, plus beau que Mars,
Il mit Hélène sous le porche.
Alors, craquant comme une torche,
Flamba la ville aux vingt remparts.

4

LA LUMIÈRE D'ACHILLE

Achille dressé nu sur Xanthe, son cheval,
Était plus beau qu'un roi de la montagne sainte.
Et les guerriers, du haut des créneaux de l'enceinte,
Le regardaient foulant les fleurs jaunes du val.

Portant la lance bleue en acier de Tyrinthe
Il allait comme font les héros, en aval
Du fleuve, et laissant loin le flot du bourg rival,
Fou de sa nudité par la lumière étreinte.

Achille n'était grand que nu dans le soleil,
L'ombre n'ayant qu'amas de songe et de sommeil
Entrecoupés de cris, d'appels et de luxures.

Dans l'horreur des sanglots et des fourbes morsures,
Et des chaînes que traîne une esclave qui fuit,
Achille, demi-dieu, ne craignait que la nuit.

5

AMAZONOMACHIE

Un soldat lubrique et goujat
Prend aux cheveux une Amazone
Et sur le bronze qui résonne
Brise le fer qu'un dieu forgea.

Partout c'est l'épouvante épique,
C'est Caineus enterré vivant,
La femme en fuite, voile au vent,
Et les rois que troue une pique.

Achille enjambe un cheval mort
Pour atteindre Penthésilée
Et sur sa chair inviolée
Pleure d'amour et de remord.

Parfois, fervents des intermèdes,
Viennent en choquant leurs sabots
S'y mêler, pleins de vin et beaux,
Les blancs Centaures philopèdes.

6

LE HÉROS FOU

Devant sa tente, au soir venu,
Ayant jeté loin sa cuirasse
Et jurant par ceux de sa race,
Ajax fouettait un enfant nu.

Au sol traînait sa longue lance.
L'enfant dansait, poussant des cris,
Et tout son corps, dans le ciel gris,
Traçait des courbes de balance.

Des guerriers, fatigués et lents,
Regardaient, sans hausser l'épaule,
Le petit, souple comme un saule,
Tordant les lignes de ses flancs.

On le croyait fils d'Aphrodite,
Et le héros devenu fou
Le torturait des pieds au cou
Pour narguer la ville interdite.

7

PRODIGE

L'enfant d'un dieu gardait les chèvres
Près des ravines de l'Ida
Et la flûte enflammant ses lèvres
Disait les coursiers qu'il brida.

Quand vint le temps de la grand-guerre,
Il quitta halliers et troupeaux
Et s'en fut, ne chantant plus guère,
En secouant ses oripeaux.

Tout changea dans la vaste armée
Lorsqu'on le vit, tranquille et blond,
Sans la cuirasse et la framée
Mais levant droit son arc oblong.

Il prit la ville aux hautes portes.
Et du fond des lieux infernaux,
Crié par mille gorges fortes,
Son nom monta vers les créneaux.

8

ARCHER

Le héros, bandant son haleine,
A pris son arc en bois d'aubour,
Et la toisant depuis la plaine
Visa la pierre du haut bourg.

Puis l'archer nu lança la flèche
Que fit siffler son doigt divin.
Alors s'ouvrit la longue brèche
D'où sans une arme le roi vint.

9

DÉFAITE

Debout tout près des portes Scées
Le héros tenait son cheval.
Drainant les armes amassées
Une eau rouge allait vers l'aval.

En vain ses preux, dans les campagnes,
Attendaient l'honneur des tombeaux.
Sous les toits mornes leurs compagnes
Allumaient les derniers flambeaux.

C'était le soir. Les incendies,
Sublimes torches des chemins,
Soufflaient des brumes attiédies
Et mettaient du porphyre aux mains.

Le héros seul quitta sa ville
Pour chevaucher sans savoir où.
Et du battant, d'un doigt servile,
Le Destin ferma le verrou.

10

DÉPART

En brisant les dernières dalles
Du grand palais rouge de Tros
Chacun laissait de ses sandales
Tomber la cendre d'un héros.

Grave naissait une aube claire
Parmi l'automne frêle et beau,
Et devant l'urne cinéraire
Grésillait l'ultime flambeau.

Là-bas, l'envol des voiles blanches,
Mouvant appel des vieilles voix,
Au long des mâts, suprêmes branches,
Hissait l'hymne de leurs pavois.

Tous ces guerriers des temps sublimes
Scrutaient le flot au ciel pareil
Pour découvrir les courbes cimes
Dressant leurs dieux pleins de soleil.

11

RETOUR DU ROI

Le veilleur cherchait de la tour
Un éclair, une plainte, un signe,
Le vol funèbre du vautour
Ou le blanc glissement du cygne.

Il attendait quelque vaisseau
Portant un roi des vieilles races
Qui marcherait, grand sous l'arceau,
Cerné de bronze et de cuirasses.

D'une torche il aperçut l'or
Qui dansait dans cette aube obscure
Et que haussait de son bras fort
Un soldat gris drapé de bure.

Puis vint le jour illuminé.
Sous l'étendard que le vent bouge
S'avançait le roi condamné
Sur un tapis de laine rouge.

12

RETOUR D'AGAMEMNON

Le roi triste, épiant les voiles,
Linge éployé sur l'horizon,
Rêvait d'Argos où sa maison
Tendait le safran de ses toiles.

Mais déjà, séparant les nefs,
Se creusaient d'étranges abîmes,
Et le flot noir nourri de crimes
Broya les vaisseaux et leurs chefs.

Alors les dieux, bande insensible,
Virent, dément sur un rocher,
L'homme d'Oponte, habile archer,
Qui les avait choisis pour cible.

La grande nef seule raidit
Sa carène et ses trois mâtures
Pour poser loin des aventures
Le roi dans son palais maudit.

13

CASSANDRE

Cassandre chantait comme un cygne
La fin proche et la déraison,
Le feu dévorant sa maison
Et le roi tué sur un signe.

Un dieu l'aimait comme un mortel
Et lui soufflait tout ce délire,
Traçant au ciel les mots à lire
Et couchant son corps sur l'autel.

Les vieillards écoutaient sans croire
Ces anathèmes affligés,
Et les enfants blonds et légers
Riaient devant la robe noire.

Les vieillards sans doute sont morts
Avant que s'achèvent ces thrènes,
Mais les enfants chéris des reines
Ont connu la chaîne et le mors.

14

LE MENDIANT

Il portait un morceau de voile
Sauvé du large et des embruns,
Et sous le buste cette toile
Moulait son ventre et ses flancs bruns.

Il semblait chercher quelque aumône
Dans la ruelle, près des quais,
Et dormait sur le sable jaune,
Au cours des nuits, loin des quinquets.

Ce mendiant sans nom ni race
Qui marchait seul, presque tout nu,
Sans même un chien léchant sa trace,
N'était pas le premier venu.

Ce mendiant privé de laine
Et plein de sang sur ses pieds plats,
Prince de Sparte, époux d'Hélène,
N'était autre que Ménélas.

15

SACRILÈGE

Ils avaient dévoré tous les bœufs du Soleil,
Avec des cris, des chants et d'obscènes postures.
Puis ils étaient partis sur un vaisseau, pareil
A quelque cygne ouvrant ses ailes aux mâtures.

Les pêcheurs se disaient, hagards et consternés,
Que ces héros n'étaient que brutes sacrilèges,
Et l'on avait brûlé ces amas profanés
Sur la plage oubliée aux blondeurs de ses grèges.

Ensuite on avait mis, portant le myrte au front,
Une esclave de Thrace au temple agenouillée,
Afin que l'immortel, livide sous l'affront,
Apaisât le courroux de sa gloire souillée.

Mais un dieu regardait, muet et souverain,
Les voiles de la nef dans le ciel distendues,
Et, frappant le flot noir de ses verges d'airain,
Creusait un grand tombeau vers les cités perdues.

16

VOIX ANTIQUES

En Sicile on voyait festiner les héros.
Ils faisaient chère lie et dégrafaient les vierges,
Puis ils se vautraient nus, à l'ombre, sur les berges,
Dormant dans les débris des phiales et des brocs.

C'était le temps heureux où nul ne savait lire.
On chantait la légende à double ou triple voix,
Et les enfants rieurs la répétaient parfois,
Grattant le vide ainsi que l'aède sa lyre.

Or, garnissant l'ensouple avec un beau fil blanc,
Les femmes que voûtait le soin des longues toiles
Évoquaient les guerriers perdus sous les étoiles,
Et les foulques glissaient leurs taches sur l'étang.

Les Camènes rythmaient leurs folles prophéties.
Des archers regardaient la mer du haut des tours.
Tityos étendu, déchiré des vautours,
Étirait sans mourir ses blessures noircies.

Des blatiers avançaient poussant leurs ânes gris.
Le marbre de Phrygie étreint de veines rouges
Ensanglantait le temple ou le linteau des bouges
Et dressait des frontons dans les vergers fleuris.

Sur sept vaisseaux, devant l'Olympien bouche bée,
Avec ses serviteurs et ses lits de banquets,
Puis la flûtiste blonde aux pourpres affiquets,
Philoctète emmenait les gens de Mélibée.

Les gabares partaient dans les ors du couchant,
Pleines d'outres, de peaux, de grains et de farines,
Laissant aller, cerné d'étincelles divines,
L'esclave qui marchait dans la glèbe du champ.

17

SAGESSE

Nestor régnait en Messénie,
Et, sur un banc de pierre blanc,
Tranquille, sans épée au flanc,
Regardait la mer infinie.

On le disait égal aux dieux.
Chacun donnait à son passage
Un long salut au vieux roi sage
Plein de lumière dans les yeux.

Il avait fait la grande Chasse,
Commandé près de cent vaisseaux,
Connu la guerre et les assauts
Et tué le Centaure en Thrace.

Désormais Nestor, à Pylos,
Ayant vécu trois âges d'homme,
Rêvait sans voix, paisible comme
La barque lourde près des flots.

18

L'ÎLE BLANCHE

Les héros sont dans l'Île Blanche.
Chacun y songe et parle bas
Des amours et des vieux combats.
Vers Achille Hélène se penche.

Mais lui n'aime que son ami.
Caressant son front à sa joue
Avec des osselets il joue,
Les deux yeux fermés à demi.

C'est l'heure où vient la nostalgie,
Où l'on rêve, errants ou couchés,
Aux grands morts froids et desséchés
Dans les plaines de la Phrygie.

Les héros sont nerveux et nus
Et cherchent en vain leurs armures
Pour chasser loin tous ces lémures
Qui dans leur île sont venus.

19

CHANT DE LA TERRE

Dans le pays de l'asphodèle
Où s'en vont vivre les héros
Chacun écoute, voix fidèle
Qui vient d'Égine ou de Paros,

La chanson que la terre chante
Quand la lumière monte et rit,
Et que, sous la tranquille achante,
L'aède scande et retranscrit.

C'est pourquoi les héros sont tristes
Sur les rives qu'on leur donna.
Chant de la terre, qui n'existes
Que dans l'azur et l'incarnat,

Nulle part on ne te retrouve,
Pas même en ce sublime pré,
Pas même au pourpris dont la douve
Est le ciel immense et nacré.

Surgi des monts ou des abîmes,
Faisant un hymne des sanglots,
Chant qui fonds le péan des cimes
Au murmure étrange des flots,

Chant de la terre, d'un coup d'aile
L'aigle t'aspire et meurt ainsi,
Et dans son pays d'asphodèle
Le héros te regrette aussi.

20

DÉSESPOIR

L'île se réveillait dans de pourpres rayons,
Et, sur la plage en feu que chaque vague ride,
Où des figues séchaient leur velours aux clayons,
Calypso regardait la mer à jamais vide.

21

LE VALLON

En ce temps-là j'allais, amant de formes vaines,
Dans le vallon secret des rites inconnus,
Plein d'échos inconstants, de branches, de fontaines,
Et de sentiers froissés par d'étranges pieds nus.

Les filles de la Terre et de l'Ombre, coiffées
Comme sont dans les bois les nymphes qu'on poursuit,
Criaient en ce ravin aux plaintes étouffées.
Un roi triste y marchait, prisonnier de la nuit.

22

COLONE

Le narcisse pousse à Colone,
Au pays du vieux roi sans yeux.
A pleines mains une colonne
D'enfants rieurs le jette aux dieux.

C'est le pays des blanches ruches,
Des sentiers verts, des bois sans fonds,
Où les vierges portent des cruches
Dont les flancs sont peints de griffons.

C'est le pays où chante un fleuve,
Où dansent loin du cri des loups
Des chevaux à la robe neuve
Et des nymphes aux cheveux flous.

C'est le pays où tout est joie
Fors le vieux prince aux grands yeux morts
Qui s'avance, tragique proie
Du destin noir et du remords.

23

LE RÊVE DE THOAS

Thoas s'est enfui de Lemnos.
Sa fille aux portes suspendue
Comme une esclave fut vendue.
Et lui pleure sur ses créneaux.

Mais auprès joue et chante Orphée
Qui lui parle de la Toison.
Et bientôt sort de sa prison
Sa fille grave et décoiffée.

La lyre d'or ouvre le ciel,
Et sa lumière au vieux seuil entre
Faisant un palais de cet antre
Et de la gloire de ce fiel.

Musique immense, aile des cygnes !
L'homme regarde au fond des vents
Venir sa fille et deux enfants
Tout pleins de rires et de signes.

24

TIMAGORAS

Tu caresses ton éromène
Sous la laine de son manteau,
Et tu lui fais ta voix amène,
Mais ton bras serre, fol étau.

Ce sont bien là tes faux préludes.
Ta bouche approche à mots dolents
Et tout à coup tu le dénudes
Depuis l'épaule jusqu'aux flancs.

Lors l'enfant blond chasse l'éraste,
Et le présent que dans sa main
Tu déposas, attrape faste,
Tombe et se perd sur le chemin.

Amant trop sûr de ton complice,
Le petit dieu, cruel archer,
Va, rampe en vain comme une lice,
Et jette-toi sous le rocher.

25

LE DIEU NOUVEAU

Ce rayon, c'est la draperie
Qu'on jettera sur l'homme nu.
Pour le fermer de pierrerie
Un astre sera bienvenu.

Il semblera forme divine
Ce malheureux né de tes mains,
Ombre qui chaque soir s'avine
Et disparaît dans les chemins.

Écoute-le chanter la strophe
Pleine d'horreur et de gaieté,
Et vois-le déchirer l'étoffe
Dont veut surgir sa nudité.

Car c'est elle enfin qu'il préfère
Ton dieu fou, passant de l'été,
Dont le char insolent s'enferre
Dans sa trop courte éternité.

26

HÉCATE

Dans l'air du soir plein de magie,
Au carrefour de vent percé,
J'ai vu surgir, don de Phrygie,
Hécate mère de Circé.

Reine drapée au seuil des routes,
C'était la belle aux trois regards,
Devant qui, reniant ses doutes,
Chacun montrait d'humbles égards.

J'ai caressé, voyageur grave,
Les chiens couchés à ses genoux
Et demandé, plus fou que brave,
La suprême grâce pour nous.

J'ai demandé que les étoiles
Vinssent tomber, divin amas,
Dans les filets que font nos voiles
Sur cette mer où vont les mâts.

27

MARSYAS

Tu te tordais sous l'escourgée,
Toi le flûtiste attaché nu
Au pilori du pin chenu
Dans la lumière de l'Égée.

Un dieu riait, rythmant tes cris
Sur le caprice des lanières,
Et recueillant, notes dernières,
Tes aveux de vaincu surpris.

Du corps traîné sur une claie
Il fit jaillir d'ultimes feux
En versant d'un lécythe creux
Du vin noir dans ta longue plaie.

Puis le dieu clair en son crachat
Mit un adieu d'apothéose,
Et du bourreau prenant la pose
Contre l'écorce il t'écorcha.

28

ATTIS

Dans le secret du crépuscule
Attis frappé de déraison
Penche la tête et s'émascule,
Payant ainsi sa trahison.

Et la nymphe meurt sous l'écorce.
L'arbre de vie est abattu.
Puis l'étoffe d'ombre s'efforce
De recouvrir ce qui s'est tu.

Voici Coré, blonde et farouche,
Qui s'en vient le front couronné.
La haine siffle sur sa bouche
La sentence du condamné.

Jetant l'homme à la chair rougie
Sur un navire, écartelé,
Elle regagne la Phrygie
Et l'attelle à son char ailé.

29

CENTAURE

Centaure à la crinière noire,
Mimas jouait sous les sapins,
Et les femmes faisant leurs pains
Chantaient vers l'aube son histoire.

Il avait franchi les vallons,
Hanté les voleurs dans leurs bouges,
Passé la mer aux vagues rouges
Et couru sur les sables longs.

Les vierges criaient à l'approche
Du bruit connu de ses galops
Et s'armant du bois des bouleaux
Scellaient leurs voiles d'une broche.

C'était la bête aux méchants ruts
Pleine pourtant d'humaine extase
Que la terre frêle du vase
Éternise aux temps disparus.

30

ADOLESCENT

En ce vieux temps-là, sur le stade
Courait un bel adolescent.
Dans ses veines coulait le sang
De Scamandre et d'une Ménade.

Tous à sa vue étaient épris.
Chaque poète sous son arbre
Scandait et gravait sur le marbre
Des vers dont il était le prix.

Où donc es-tu, tête divine ?
Où, corps charmant, bras en arceaux,
Vous qu'aimèrent, pleins de sursauts,
Ces amants fous que l'on devine

Cernés de myrte et d'olivier ?
Qu'êtes-vous, hélas, devenues,
O si fragiles formes nues,
Dans les serres de l'épervier ?

Un dieu te tient dans sa demeure
Et tu n'es plus qu'un échanson.
Triste est désormais ta chanson
Quoique pour toi plus rien ne meure.

Combien était plus grand l'amour
Mêlé de mort et de morsure,
Et combien plus fraîche et plus sûre
L'ombre tranquille sur la cour !

31

GANYMÈDE

Le dieu conduisait son giton
Dans la clairière des nuées.
Chacun au ciel baissait le ton,
Mais d'en bas montaient les huées.

Car des vallons l'adolescent
Naguère était l'humble parure
Qui devant l'horizon de sang
Jetait le soir sa lourde bure.

On l'aimait, l'enfant grave et nu
Par qui la plaine était fleurie
Et qui d'un souffle retenu
Chantait les voix de la prairie.

Depuis ces jours, obscurément,
Venant des rives du mystère,
S'enflait vers le divin amant
La haine trouble de la terre.

32

SILÈNE

Midas mêla du vin dans les eaux de la source
Et prit Silène. Ainsi le dieu, qui dans sa course
Saisissait la mortelle et couvrait ses flancs nus,
Fut à la chaîne mis comme l'on met une ourse,
Quand les temps du remords furent enfin venus.

33

L'AMANT

Rêveur et triste l'hiérodule
Vit la déesse au bord des eaux
Qui le mena dans l'ergastule
Pour le torturer jusqu'aux os.

Il lui clama tout son délire,
Déchiré de fer et de nœuds.
La divine qu'enivrait l'ire
Attisait un bois résineux.

Pensant au faune de Phrygie
Dont craquèrent les muscles nus,
Elle touchait, brande rougie,
Le buste raide aux bras ténus.

Mais un rayon cernait la bouche
Comme un appel obscurément.
Alors monta du creux farouche
Le long cri de l'humain amant.

34

L'AMANTE

L'Amazone, aux rives jumelles
D'où sortit l'empire des rois,
D'amour s'arrache les mamelles
Et fait mettre un esclave en croix.

Son amant suit l'hermaphrodite
Sur la nacelle du malheur.
Au loin s'étend l'île interdite
Ivre d'écume et de couleur.

Les dieux savent cet hyménée.
Dans le secret du ciel profond
Iris contemple consternée
Le char funèbre qu'ils lui font.

L'Amazone en vain se lamente
Devant le sable aux limons verts.
Morte bientôt sera l'amante
Près de l'esclave aux bras ouverts.

35

NAISSANCE

Un nice, par les dieux frappé d'agénésie,
Un soir devant les monts criait sa frénésie.
Il insultait le ciel aux voûtes sans échos
Et, tandis que chantaient les bouviers amicaux,
Dans l'ombre où Séléné, tranquille, va s'étendre,
Il se frappait le front, tragique, sans comprendre
Que le blasphème est beau serti de désespoir.
Sa voix montait, grandie au sein du monde noir.
Alors s'ouvrit au loin un voile de la nue
Et vers lui s'avança, pâle, dansante et nue,
La nymphe que naguère on voyait dans les eaux
Troubler comme un zéphyr les fleurs et les roseaux.
Dessinant de ses bras une guirlande immense
Elle en cerna bientôt l'homme de la démence...
Et la nuit fut sereine, et c'est ainsi que vint
En un pays maudit l'enfant semi-divin.

36

LE MARBRE

Je regarde le marbre au flanc des grandes îles,
Plein de promesse au rêve angoissé de l'esprit,
Le marbre qui, chargeant la galère des villes,
Y viendra vivre au gré du geste ou de l'écrit.

Il sera cette femme et la chair qui remue,
La bête que supplie un prêtre doux et vieux,
Le guerrier du destin qu'en spectre l'ombre mue,
Ou l'enfant revêtu de la grâce des dieux.

37

LE VASE

Un faune montrait sa mentule
Sur la courbe du vase étroit,
Comme un pantin qui gesticule
Avec un flambeau lisse et droit.

Une ménade sans vergogne,
Noyant son corps dans ses cheveux,
Lorgnait ce long cou de cigogne
En déchirant ses flancs nerveux.

Fauve désir, roule ta lame
Sur ce couple difforme et nu
Que dévore la triste flamme
De ton appel trop tard venu.

Absorbe-le dans ta démence
Parmi les rires et les sots,
Et qu'il trouve l'amour immense
Dans tes funèbres soubresauts.

38

LA COUPE

Sur trois esclaves faméliques
Se jetaient quelques hommes nus
Et leurs cris de faunes phalliques
Attiraient de nouveaux venus.

Là chacun variait sa pose
Ayant bu plus que de raison
Tandis qu'un flûtiste morose
Scandait les jeux de la maison.

C'était le revers d'une coupe
Qu'avait peinte un vieil imagier
En ces temps où riait en croupe
Un Silène dans l'atelier.

Ainsi montraient les hommes rouges
Sur l'argile éternellement
Dans l'écho des antiques bouges
De l'amour ivre le tourment.

39

COMPLAINTE CHEZ ASPASIE
ou
LA MORT DU STRATÈGE

Le stratège agonise et la ville est perdue,
Hélas, et cette voix tant de fois entendue,
Qui sut faire vibrer l'esprit secret d'un dieu,
S'éteint. Le mal est là, reptile aux dents de feu,
Et le héros n'est plus qu'un enfant qui soupire.
Le devin qu'on mena des montagnes d'Épire
Et qu'on pensait versé dans ces fièvres d'ailleurs
Se tait. Nous tous, hier, clamant, jetant des fleurs,
Croyions voir sous sa main le stratège renaître.
Et chacun déclarait : « Le destin n'est qu'un reître
Dément, qui frappe en vain : cet homme est immortel. »
Et l'on portait l'offrande aux marches de l'autel.
Pourtant, il meurt. Ce trait encor nous choit d'Asie...
Mais que dis-je, égaré, sous le toit d'Aspasie ?
Qui de tous les mourants mourrait en de tels bras ?
Laissez le vieux d'Épire, ignare aux cheveux ras,
Se pencher sur son corps et fouiller dans ses herbes,

Laissez même ce peuple et ses rages superbes
Qui lance au ciel muet comme un stupide affront,
Laissez sur son rocher le socle au marbre rond
Dégoutter du sang pur de quelque humble victime,
Et songez à ce nom que, dans le soir que grime
Le désespoir immense à l'appel insensé,
Le maître, en se dressant, avait seul prononcé.
Contemplez le seuil blanc que la lumière exalte
Où, fille de Milet, surprise dans sa halte
Étrange, cette femme à qui rien n'aura nui
Vint offrir au vainqueur du temps et de la nuit
Sa bouche, et son regard, et son rêve, et sa vie.
Il n'est pas un fléau, ni la mort, ni l'envie,
Ni l'exil, plus cruel que l'étroite prison,
Qui puisse pénétrer dans la fière maison
Du démiurge, dont l'âme est par l'ombre saisie,
Pendant que sans parler y respire Aspasie.

40

SIÈGE

Ils étaient massés deux cent vingt
Debout sous la muraille noire
En attendant que l'ombre vînt,
L'ombre sans lune à lourde moire.

Le soir cernant les boucliers
Givrait les souffles dans Platées
Hormis les voix des peupliers
Loin vers les golfes emportées.

Sur les briques, près du donjon,
On lança l'espoir des échelles,
Et leurs cordes heurtant leur jonc
Scandaient d'étranges saltarelles.

C'est alors qu'une tuile chut
Dans le camp de Lacédémone
Et qu'une torche au fer crochu
Perça le ciel de sa couronne.

Puis dans l'angoisse des créneaux
Commença, prière sublime,
Une complainte aux Infernaux,
Rois des cachots que nul ne lime :

« O Destin, tragique bourreau,
Méchant sans joie, aveugle borne,
Aurige affreux du tombereau
Qui mène au fourbe capricorne,

Dieu de la mort et de la nuit,
Amant des formes imparfaites,
Laisse place au dieu qui conduit
Vers la lumière aux grandes fêtes. »

Les deux cent vingt s'en sont allés,
Rasant les monts, vers d'autres plaines,
Et vers la mer aux flancs perlés
De naves d'or aux longues laines.

41

BUCOLIQUE

Une banaste au bras elle apportait des figues.
Ignorant les cités, leurs fièvres et leurs ligues,
Elle marchait, sereine, en des sentiers étroits.
Au loin des cavaliers, suivis par les charrois,
S'en allaient vers le nord où grondent les frontières.
Mais pour la fille blonde aux allures altières
Les branches s'inclinaient, très bas, sur les ruisseaux,
Et dans les champs de blé rougissaient les ponceaux.
Le bruit de l'eau coulait par une large abée.
De grands esclaves nus à l'échine courbée
Tiraient le marbre pur promis aux chapiteaux.
Des hommes de la terre agitaient leurs bluteaux.
Un chien maigre léchait lentement sa blessure
Près de l'autel fumant d'une informe fressure.
Une taure paissait dans un long pré fleuri.
Et la vierge écoutait, indifférente au cri
Que vers le ciel sans voix jettent les hochequeues,
Les arbres habités par les sittelles bleues.

42

DÉSIR

Le roi cerné des Orosanges
N'écoutait rien que son désir
Et le vol bleu de ses mésanges,
Signe secret de son loisir.

Il inventait dans Ecbatane
Une princesse aux yeux vairons,
Puis un banc vert sous le platane
Et d'invisibles avirons.

Ainsi rêvant, le roi de Perse
Frappait à l'huis d'une maison
Devant la plaine que l'on herse
En criant fort sa déraison.

On lui portait une inconnue,
Fantôme étrange en son esprit,
Levant les bras, fragile et nue,
Dans une cage qu'il ouvrit.

43

ÉTREINTE

Hors du sanctuaire, l'éphèbe
Contemple au travers des carreaux,
Comme une flamme de l'Érèbe,
Vénus en marbre de Paros.

Pour lui le jour est chant funèbre
Et dans la fosse de la nuit
De ses doigts il déchire et zèbre
Tout son corps que le sommeil fuit.

Un soir, à l'heure où l'amour porte
Un dieu même aux pieds de Léda,
Il força la sublime porte
Et dans l'ombre il se dénuda.

Ce fut l'étreinte plus qu'humaine,
L'immense cri, farouche et vain,
Et la souillure qu'il amène
Dans le grain pur du flanc divin.

44

FIÈVRE

Abandonne ton corps à la fièvre qui tue.
Emprisonne sur toi ces flancs et ces genoux.
Fais naître un univers entre vous deux et nous.
Étreins le marbre, amant secret de la statue.

45

SAUROCTONE

L'artiste a fait le Sauroctone
Avec la gouge et le ciseau.
Près de son arbre il nous étonne
Plus frêle et souple qu'un roseau.

Contemple là ce corps et touche
Le flanc doux à l'orbe nerveux.
Exhale un cri sur cette bouche
Quand ta main bride les cheveux.

Écoute ainsi l'appel étrange
Et dans un geste retenu
Trace la courbe qui dérange
En son jeu grave l'enfant nu.

De la jeune et trouble statue
Sois l'impur et muet amant.
Nul ne connaît cette voix tue
Pour ton secret et vain tourment.

46

DÉCADENCE

Quand le poète vieux et triste
Écoutait le vent de la mer
Et traduisait le rire amer
Qui venait du pays d'Égisthe ;

Quand tous les arbres étaient dieux,
Et les mortelles, des statues
Qui s'abandonnaient dévêtues
Aux guerriers forts vibrant d'adieux ;

Quand le monde était harmonie,
Liant la lyre au bouclier,
Et trouvait dans le peuplier
La colonne au grand temple unie ;

Nul alors ne pouvait prévoir
Les longues marches de l'Asie
Et dans sa morne frénésie
Du peuple sot le vain pouvoir.

47

JOIE

Si j'eusse été l'esclave à Rome
S'en allant hâve et courbatu,
J'aurais plein d'ire chanté comme
Danse un grand ours qu'on a battu.

J'aurais hurlé mon vœu de vivre
En défiant les vains troupiers.
On aurait dit : « L'esclave est ivre.
Il faut l'enchaîner poings et pieds. »

J'aurais crié pourtant ma joie
Aux chevaliers à manteaux creux,
Pour qu'on entende et que l'on voie
Au pilori l'esclave preux.

J'aurais vaincu par mon délire
Les maîtres durs et leurs anneaux
Car l'âme libre est une lyre
Qui vibre aux souffles infernaux.

48

TEMPS MAUVAIS

C'était le temps des fautes noires.
Dans les bourgs chantaient les bourreaux
Et les soldats traînaient aux foires.
Épictète lavait des brocs.

Dans les cris mouraient des rétiaires.
Locuste ardait les philtres doux.
Sous les rideaux de leurs litières
S'agitaient des mignons jaloux.

Les enfants allaient à Subure.
Les femmes loin de leurs maisons
Se glissaient en robe de bure.
Des croix barraient les horizons.

Mais on sentait craquer les chaînes.
L'esclave nu sur ses roseaux
Annonçait ses noces prochaines,
Et Jésus marchait sur les eaux.

49

LE VERBE

Tes pieds nus s'avançaient sur la cime des eaux,
Et tu parlais de ta lumière, ô Juif sublime.
Tes mots jetaient alors à la chaîne leur lime,
Aux yeux clos des rayons et des clefs aux tombeaux.

Puis un jour, qu'en son temps annonçait Isaïe,
Tu partis, écoutant sonner le grand appel.
Un gibet dessinait sa lettre sur le ciel.
La mort était la voix que tu n'as point trahie.

VIII

MÉDIÉVALES

1

L'ENNUI

Tu te penchais sur le vautoir,
Tranquille et belle inoccupée.
Ton époux battait le trottoir
En jouant de sa morne épée.

Nul ne croyait aux grandes lois.
C'était le temps triste et lucide.
Les enfants niaient les exploits
Et riaient même de l'Alcide.

L'ennui gagnait toutes les cours
Où dans le pas grave des reines
Les jours trop longs aux soirs trop courts
Étaient plus vides que les thrènes.

C'est alors que la guerre vint.
Dans le ciel on hissa les voiles,
Et désormais l'on se souvint
Du livre immense des étoiles.

2

CROISÉS

Sur ce calcaire qu'abrasa
Le pas tranquille des poulaines
Nous devinons vos formes pleines,
Vainqueurs de Chypre et de Gaza.

En ce temps où la fatrasie
Animait d'ombres les châteaux
Vous avez poussé les vantaux
Des grandes portes de l'Asie.

La giselle adornait les flancs
De la dame au visage aduste
Et vous tendiez un bras robuste
Pour déchirer des voiles blancs.

Soldats d'un dieu mort en infâme,
Vous avez défié les maux
Et sans cris, ni regrets, ni mots,
Laissé demeure, enfants et femme.

Vous avez traversé des mers
Que vos yeux n'avaient jamais vues
Et sur leurs plaines dépourvues
Connu les fièvres et les fers.

Vous avez comme aux jours d'Achille
Soutenu des sièges dix ans
Et pendu l'or de vos besants
Aux remparts de la sainte ville.

Puis vous revîntes au lieu cher.
On vous retrouve sur ces marches
Où vos souliers des longues marches
Ont blessé la pierre et la chair.

3

LE SAINT JUGE ET LE BÉTOURNÉ

Auprès du juge pédané
Qui s'en allait au long des rues
Dans le soleil ou dans les crues
Vint une fois un bétourné.

Le juge dit : « Quelle justice,
— Parle sans honte et sans effroi, —
Réclames-tu de par le roi ? »
L'homme, baisant l'humble pelisse,

Et d'un bâton gros tel un pieu
Montrant son dos creusé de courbes :
« Foin, lança-t-il, de vos rois fourbes,
Je veux justice de par Dieu. »

Alors le juge aux bras sublimes,
Nommé Louis le Souverain,
Levant au ciel sa croix d'airain
Chercha le signe aux blanches cimes.

Puis, ayant mis plumes de paon
Comme couronne sur sa tête
Et drapé sa cape de fête,
Pareil au Christ du bleu tympan

Il avança, toucha les loques
Du bout béni de ses rameaux,
Et, sans chants, formules, ni mots,
Tendit au gueux ses rouges socques.

Ainsi fut fait le bétourné
Dans le grand jour des bons apôtres
Un garçon beau comme les autres
Par le saint juge pédané.

4

APPARITIONS

Sur un roncin, maître Guillaume
Allait sans hâte vers Provins,
Cachant au ciel, avec sa paume,
La rougeur de ses désirs vains.

Tanguant au gré de ses présages
Il voyait des fantômes gris
Qui s'en venaient du fond des âges,
Des vieux cachots et des pourpris.

Et puis d'accortes nymphes nues
Sortaient du mystère des eaux
Pour partir aussitôt venues
Se fondre au creux des longs roseaux.

Des cavaliers et des ribaudes
Passaient sur le chemin vermeil,
Criant leurs langues toutes chaudes
Parmi les harpes du soleil.

Plus loin chantaient, saouls comme grives,
Des clercs en robe et des grimauds
Voguant ensemble près des rives
Où ne sont plus chagrins ni maux.

Ainsi montait le rêve étrange
Insensible aux rires du temps,
Tandis qu'un oiseau, frêle archange,
Coupait la ligne des étangs.

5

ROTROUENGE

Le roi scandait sa rotrouenge
Et geignait là tout alentour.
« Dieu, disait-il, vienne et me venge
Du comte noir et du vautour .»

Seigneur Jésus n'écoutait guère
Le souhait du prince félon
Qui tuait les enfants en guerre
Et trouvait l'office trop long.

C'était l'homme qui, portant masque,
Détruisit les beaux parchemins
Et vêtit la cape et le casque
Pour courir les mauvais chemins.

Souverain seul sur cette lande,
Délaisse ton appel maudit
Et chante l'amour de Bertrande
Qui te fit pur et te grandit.

6

LES MOINES ROUGES

C'était le temps des moines rouges.
On les disait grands et paillards,
Coupant d'invincibles brouillards
Pour disparaître dans les bouges.

On les jeta dans des cachots
Et le roi mangea leur fortune.
Depuis, tous les fous qu'importune
L'orage étrange des jours chauds

Nous parlent d'eux et de ces branches
Auxquelles, croient-ils, on pendit
Dans le percé du bois maudit
Quatorze robes à croix blanches.

Les moines pourpres sont bien morts.
Mortes aussi, voyez beau sire,
Celles qu'ensemble on fit occire
Dans le bon vent de vos remords.

7

CHÂTIMENT

Sur le métier de haute lisse
Où se penchait ton front têtu
Tu fixais la trame complice
De ton remords qui s'était tu.

Sur l'étille naissaient les contes
Que tu dirais à ton époux
Lorsque reviendraient tous les comtes,
Gens balafrés et pleins de poux.

Tournant la vielle, amant sans voiles,
Un damoiseau ceint de velours
Faisait danser des feux d'étoiles
Sur ses longs doigts de bagues lourds.

O couple-roi, voici le maître.
Les jours sans fin sont bien finis,
Et l'homme rouge va te mettre
Au grand gibet des mal punis.

8

ESPÉRANCE

En une alcôve à longues voiles
Est né dans Bourges le dauphin.
Un devin bleu parle aux étoiles
Et l'enfant dort sur le drap fin.

Le roi Charle en laine écarlate
S'est penché, rêveur et glacé,
Sur le scion dont la sève éclate
De l'arbre mort ou menacé.

La marraine a pour nom Yolande
Qui protège le blanc berceau.
Mais bien proche est la morne lande
Où va l'ombre d'un prince sot.

Seigneur, éloigne les rafales
Du grand royaume au nouveau-né
Et du peuple des cathédrales
Aux soldats noirs abandonné.

9

LE TEMPS DE BOURGES

Point de fourrure, point de lit.
L'amour est pauvre en ce royaume.
Dame de Pisan songe et lit.
Le baron est mort sous son heaume.
Le dauphin triste s'avilit.

Sur la falaise du vieux Douvre
Le prince Charle est prisonnier.
Pour Jeanne, que cuirasse couvre,
Christine écrit son chant dernier :
Au siècle noir une aube s'ouvre.

10

LA CITÉ DES DAMES

Du hennin à cornes coiffée
Rêve la Dame de Beauté
Et règne, blonde, en la Cité
Où chaque femme est une fée.

Ici la fille du Pisan
Qui fut du roi grand astrologue
A rimé le thrène et l'églogue
Et fait du reître un courtisan.

Rien ne survit du temps de Bourges.
Charle, à présent le Bien-Servi,
Est près de Loire amant suivi
De robes roses comme courges.

Ayant bravé les interdits,
Dans son logis docte et sévère
Maître François, génial trouvère,
Chante les dames de jadis.

11

LE CHANTRE

Je t'ai cherché, chantre aviné,
Portant un vieil antiphonaire
Parmi les flaques d'eau lunaire
Près Saint-Benoît-le-Bétourné.

Je t'ai vu sous la voûte cave
Cachant la dague en ton manteau
Et ton destin pris dans l'étau
De la nuit rauque et du vent grave.

C'était toi le génial maudit
Plein de secrets et de lumières
Parti sur les routes premières
Blêmes d'horreur et d'interdit.

Pour toi seul a brillé l'étoile.
Et tu t'en vas sur le chemin,
Toi qu'alourdit le parchemin
Griffé de signes sous sa toile.

IX

MODERNES

1

BRUMAIRE

Ils chantent, barrant le chemin :
« Nous sommes le couple d'automne,
Serons-nous plus sages demain ? »
Il est vrai, leur laideur étonne,

Et l'anneau qu'on voit à leur main.
L'heure est passée, amis, et tonne
Déjà pour vous, air inhumain,
Le requiem que l'orgue entonne.

Vous êtes les amants perdus
Dans le faisceau noir des années,
Et vos amours sont condamnées,

Et tous vos rêves sont pendus
Comme larrons sur les prairies
Au temps enfui des confrairies.

2

MESSE NOIRE

On célébrait la messe noire
Dans la ruelle du Marais.
Montespan avait des secrets
Sous son aumusse à longue moire.

Sur une vierge au ventre nu
On priait comme à Sainte-Ursule,
Et la souillait de sa copule
Un démon fou, blême et cornu.

Dans les relents d'une soupente
On égorgeait un nouveau-né.
Que Dieu lui-même soit berné
Par le sang pur qu'il innocente !

Le roi songeait au grand château.
Lorsque Satan se contorsionne
Le glas du soir au clocher sonne.
L'amour referme son étau.

3

LE ROI

Le roi faisait un songe en son jardin sans voix,
Seul auprès du bassin, sans pages ni marquise.
Encelade, géant couché les bras en croix,
Traçait dans l'onde herbue une étrange banquise.

Le roi rêvait. Railleurs tournaient en menus ronds
Les insectes, galants des futures vendanges.
Tout se taisait, même les merles, noirs larrons
Qui sur les Marmousets griffaient des bouches d'anges.

Le roi pensait. Penché sur les viviers ouverts
Et cerné de Vénus aux robes étoilées,
Il regardait au creux de leurs limons trop verts
Des carassins nageant parmi les eaux troublées.

Et l'heure allait venir des parchemins grenus
Qu'on signe en poursuivant la langueur des allées.
Un faune demi-fou fouettait deux enfants nus
Et le pays du ciel remuait ses vallées.

4

SADE

Quand le marquis, nommé par d'autres le divin,
Eut rayé de traits bleus tant de chairs déchirées
Et penché sur des flancs aux blancheurs étirées
Des visages déments marqués d'ombre et de vin ;

Quand ses moines, tapis, immondes tarentules,
Eurent terni d'horreur l'appel de l'innocent
Et que son duc, hurlant dans les rites du sang,
Les eut rythmés au son gracile des pendules ;

Quand ses juges, souillant leur emblème du roi,
Eurent singé l'autel sur les sursauts d'un ventre,
Et que le monnayeur au plafond de son antre
Eut laissé suspendue une âme au gré du froid ;

Alors en nous, tel un désir, bougea la fange.
La laideur se figea, tragique, sur nos fronts.
Une ride nouvelle y traça ses affronts
Et l'on vit dans les yeux une lueur étrange.

Un vent chargé de cendre en notre nuit souffla.
Le ciel se fit pareil à celui du déluge.
Le faible n'obtenait ni grâce ni refuge.
Samson devenu fou lacérait Dalila.

L'amour n'était plus rien qu'atroce jeu de griffes,
De corps écartelés au granit du rocher ;
Secouant son carquois le beau petit archer
Jetait des fers crochus du haut de ses triglyphes.

Dieu même désormais aurait cessé le tri
Entre les hommes noirs et ceux de la lumière.
Chacun voulut saisir en secret sa lanière,
Et dans le soir monta comme un immense cri.

5

L'ANCÊTRE

Mon ancêtre menait des loups
Parmi les forêts et la plaine
Où s'enfuyaient à perdre haleine
Les chiens sots du seigneur jaloux.

Il méprisait la femme blonde
Qui lisait des romans courtois,
A la fenêtre, sous les toits
De la grand-tour que baignait l'onde.

Mon ancêtre écoutait les mots
Que dans la nuit disent les chênes
Et secouait toutes les chaînes
Et se riait de tous les maux.

Il avait des rêves étranges
Où se montrait Jésus en croix
Portant la couronne des rois
Sur son front ceint de rouges franges.

Il saluait les pèlerins
Qui s'en allaient à Compostelle
Mais refusait dîme et dentelle
Aux gens mitrés et suzerains.

Buvant le vin à sa mesure,
Mangeant chair noire et sénevé,
Mon ancêtre le réprouvé
Narguait les forts de sa masure.

Il ignorait les flancs du val
Où font des grâces les guirlandes
Et ne recherchait que les landes
Avec ses loups et son cheval.

6

QUINTIL EN ÉPITHALAME

Déjà vous possédiez d'une reine le nom
Qui dans le vent du soir chevauchait décoiffée,
Anne au beau front, penché vers un preux compagnon.
Mais lui, vous conduisant sur les rives d'Orphée,
Vous donne désormais le regard de la fée.

7

LAI

Je suis pareil au charbonnier,
Plein de la foi que rien n'éprouve
Et bien plus jaloux que la louve
De ma course au bois printanier.

L'enfant joueur lance son rire
A qui veut le saisir au vol.
Il a gardé libre le col
Et parle au ciel sur une lyre.

Si tu n'es plus cet enfant-là,
Si tu n'as plus la main menue
Et si ta voix est devenue
Ce chant plus grave que voilà,

Du moins gardes-en la romance
Et la hantise du collier.
Point ne sont gerbes à lier
Les bras ouverts quand recommence
Chaque signe du sablier.

8

LA GUERRE

Nous marchions dans la neige hostile,
Bouche défunte et front gelé,
Offrant au vent, maître servile,
La courbe d'un dos flagellé.

C'était le temps des vaines guerres,
Le temps maudit de nos vingt ans,
Le chacal dont les noires serres
Griffaient le rire du printemps.

Où donc étaient le mois des roses,
Le souffle vert sur les talus,
Et vos archets, chansons et proses,
Feuillets scandés ou livres lus ?

Chacun se sentait vieux et morne,
Rêvant l'aumône du soleil
Bien au-delà de cette borne
Du malheur à jamais pareil.

9

LE BLESSÉ

Souviens-toi de celui qui, pâle, dans les blés,
Pleurait et te montrait une main toute rouge.
La plaine paraissait taillée à coups de gouge
Par quelque graveur fou des mondes écroulés.

Le ciel avait la voix et la robe des fauves.
La route se tordait, hurlante, sous ses coups.
Les arbres, chiens couchés, déments, pliaient leurs cous.
Les bois en feu livraient leurs tragiques alcôves.

Il n'était plus ni Dieu, ni mère, ni demain.
La terre, semblait-il, se brisait comme une urne.
La lumière d'été soufflait un vent nocturne...
Mais lui pleurait, tranquille, et regardait sa main.

10

LE CHIEN

Le chien courait dans la prairie
Levant la tête et flairant tout,
Comme un gueux de la confrérie
Cherchant des étoiles partout.

Mais les étoiles étaient mortes.
Sur la terre le ciel croulait.
Les hommes, funèbres escortes,
Scrutaient l'horizon triste et laid.

C'était la guerre des vieux mondes,
Pleine des bruits que tord le vent,
Avec ses lourdes voix immondes,
Ses peurs dans l'ombre se lovant.

Le chien courait sans rien comprendre.
Lors un soldat, sortant des trous,
Rampa vers lui, tragique et tendre,
Et mit la main sur son poil roux.

11

PLUIE

Il pleut ses éternelles pluies
Sur ce pays de noir borné,
Et sous ton casque tu t'ennuies
Au fond de ton rêve berné.

Le village est gluant de boue
Avec des traînes de lavis.
Vois ce grand sapin qui s'ébroue
Dans un ciel cave de Puvis.

L'ardoise luit, ivre est l'averse
Qui cuirasse un monde accroupi.
Novembre impassible déverse
Un flot d'ombre au cœur assoupi.

Certains demandent à Dieu même
Combien d'automnes nous vivrons,
Proscrits des bords que chacun aime,
A compter l'or de nos chevrons.

12

DÉBÂCLE

O toi qui n'as point vu ni les herbes rougies,
Ni les plaines sous l'or des épis ravagés,
Ni des tours de la mort les portes élargies
Sur les cris des berceaux et le feu des vergers,

Penche-toi sur la table où traînent, dépliées,
Ces images des jours plus affreux que la nuit,
Pleines des yeux éteints et des voix oubliées,
Tandis que de l'opprobre un sanglot me poursuit.

13

FAON

Dans la menée où tu t'enfuis,
Joli faon au drame farouche,
Sous tes pas le gazon se couche
Et trace un songe que tu suis.

Va, cours bien loin de l'homme-brute
Et du chien bête aux abois sots.
Montre ta grâce dans tes sauts
Et méprise leur pauvre lutte.

Pour toi, sublime et frêle ami,
Plus vif encor que la bondrée,
Le bonheur est l'heure empourprée
Où s'écroule un monde endormi.

La mort est vaine vénerie.
Un pleur brille en tes yeux d'enfant
Qui t'allège et qui te défend
Et puis s'étoile en rêverie.

14

LE POÈTE

Il avait des yeux de pervenche
Et parlait tel un Christ en croix,
Car son cœur prenait la revanche
De son corps aux muscles étroits.

Comme la foi que l'on atteste
A l'usure de ses genoux
Il parait de ferveur son geste
Qui s'ouvrait à chacun de nous.

C'était un dieu parmi les hommes,
Un amant parmi des bourreaux,
Et chez les hurleurs que nous sommes,
Traîneurs de chaîne et de fourreaux,

Il allait, semant par les rues
Et dans le flot du vent qui bruit,
De ses mains pleines d'or et drues,
Les fleurs du monde et de la nuit.

15

LE BOXEUR

Cet homme jadis craint comme était Holopherne,
Long boxeur sans vainqueur dont le vin quotidien
Était la gloire, écoute là, vieux et l'œil terne,
Le bruit mort que son nom, à chaque méridien,

Faisait dans un écho de trompettes épiques,
Quand il allait, plus grand que poète ou héros,
Tel un roi de Mycène entre des rangs de piques
Contemplant des vaincus écorchés à des crocs.

Le temps a dégradé la grâce de son buste.
Il passe dans la foule et s'éloigne inconnu.
Le chêne désormais est cette ombre d'arbuste.
Le frêle adolescent rirait de son poing nu.

Où donc es-tu, divine et vierge Renommée ?
Nul Pindare nouveau n'a chanté ce dieu-ci,
Lui, plus fort que la tour, plus souple que l'almée,
Que la rage des ans a brisé sans merci.

16

L'ORATEUR

La machine qui tourne à vide
Et chantonne tant de ronrons,
Si pareille à l'enfant livide
Qui fait des barres et des ronds,

C'est toi, pantin de la tribune,
Qui réformes l'homme et l'État
Et te crois un gabier de hune
Quand tu n'es qu'aux rocs d'Étretat.

Va, hurle à l'aise en ton navire,
Gonfle sa voile de tes mots ;
Le monde avance, hésite et vire,
Insensible aux cris animaux.

Tourne sans fin, creuse machine
Qui n'es pas même un gond de l'huis
Ou l'âne morne qui s'échine
Et hisse au moins le seau du puits.

17

LE GÉNIE

Le génie a la forme brute
Comme un rocher des monts perdus
Qui sur la voûte immense scrute
Au-delà des temps suspendus.

C'est le bétyle, autel du bonze,
Ou le granit du pays goth ;
C'est l'éclair qui fondit le bronze
Du front de Bach et de Hugo.

Le génie, insolite, énorme,
Est le métal sans nom ni voix
D'où va sortir le monstre informe
Qui sera le dieu des convois

Où s'avancent, tristes cohortes,
Les peuples sombres et soumis
Qui vers l'abri des places fortes
Traînent leurs enfants endormis.

18

LE PHARE

J'ai cherché ton ombre à Bruxelles,
O poète à qui le vent nuit,
Mais les femmes n'étaient plus celles
Qui riaient au bord de ta nuit.

J'ai fait le tour des vieilles rues
Et trouvé l'hôtel du Miroir
Où du malheur les fourbes crues
Montaient vers toi, vagues du soir.

C'est bien là qu'à jamais tu saignes
Et que sourd ta tragique voix
Comme en ce temps où les enseignes
Hissaient leurs couleurs en pavois.

Puis j'ai laissé, long catafalque,
La cité que tu n'aimais pas
Et son beffroi qui se décalque
Dans la plaine et sur le ciel bas.

J'ai pris la route à ton cœur chère,
Vers le sud, à travers les champs,
Où ne sont ni bois ni jachère
Mais des combats les mornes chants.

Alors j'ai regagné la ville
Où tu cueillis la fleur du mal,
La ville grande, belle et vile,
Pleine du rêve de Nerval.

19

LE PONT

Le pont posé sur ses culées
Franchissait le fleuve à pas lents
Et par grands gestes violents
Pressait les barques acculées.

Le pont disait son désespoir
D'être un voyageur immobile
Et s'effaçait, forme nubile,
Dans le brouillard et dans le soir.

Le pont couché sur le vieux fleuve
Semblait un grave et morne preux
Qui dort tragique dans le creux
De son armure bleue et neuve.

Le pont était ce chevalier
Privé de toute voix humaine
Que l'eau du temps mène et ramène
Sur la béquille d'un pilier.

20

PARIS

Paris, vous n'êtes plus la ville
Que l'on aimait par-dessus tout,
La ville folle, jamais vile,
Chère aux trouvères de partout.

En vain se cherchent ces venelles
Que frappait la marche d'Hugo.
L'hymne des cloches éternelles
Y laisse place aux cris du Goth.

La pioche troue au cœur tes rues
Comme cercueils creusés de vers ;
Où sont tes sublimes verrues,
O Paris, qui fus l'univers ?

Cité de gouffre, toi qui parles
Langue de prince et de filou,
Où sont les mânes du roi Charles,
Qui vécut triste et mourut fou ?

21

CHOPIN

Il jetait la divine algèbre
Aux longues branches de l'été.
L'amour montait au char funèbre.
La mort naissait dans la clarté.

Chopin travaillait son prélude.
Par l'écho sublime des monts
L'angoisse que l'arpège élude
Criait l'orgueil de ses démons.

Ses doigts fous égrenaient les trilles
Puis se posaient sur les accords,
Ouvrant du ciel les vieilles grilles
Et de ses rives les décors.

Chopin parlait dans sa lumière.
Orphée errait par la maison
Pour lui livrer, gamme première,
Dans le secret sa déraison.

22

LOINTAINE

Sous l'éventail de plume et d'or
Tu danses une ronde étrange
Tandis que te hausse et te frange
La ligne courbe du décor.

Forme incertaine de Corée
Qui viens si loin donner ta voix,
Toute la ville que tu vois
N'est qu'une gamme évaporée.

Rien ne se dit comme tu sais
Dans nos graves et mornes langues.
Où sont vos branches et vos mangues
Et vos baigneuses en corsets ?

Retourne vite aux blêmes rives
Où l'air égrène un long été.
Un prince triste y boit du thé,
Rêvant les mots dont tu le prives.

23

IVRESSE

Certes l'alcool parfois nous berne.
Voici le temps de carnaval
Où vous irez à la lanterne
De notre ami Gérard Nerval.

Chacun de vous sera poète
Et, se frappant l'occipital,
Chantera comme un pierrot bête
Un clair de lune oriental.

Gardez-vous de ces faux vertiges.
Le génie est le vin des forts.
Les roses meurent sur leurs tiges.
Les voiles sombrent dans les ports.

Que le nectar de nos tavernes
Tous vous préserve à carnaval
Des degrés à vieilles lanternes
Où se pendit Gérard Nerval.

24

PLATITUDE

Les sentiers que nous courons tous
Sont plus tristes que plaines mornes ;
Les ponts hissent leurs garde-fous,
Les routes n'ont que vieilles bornes.

Où donc est du monde passé
La chatoyante fantaisie,
Lorsque les preux au cœur froissé
Croyaient aux fièvres de l'Asie ?

A sept ou huit siècles d'ici,
Dans leurs épiques matinées,
Des héros, sans crier merci,
Ont voyagé bien des années.

Reverrons-nous, quand nous irons
Dans les automnes décoiffées,
Les bleus éclairs des éperons
Des chevaliers du temps des fées ?

25

BLANCHEURS

Un mot chantait dans le soir chaste
Mais vous taisiez des chagrins sourds.
En vain s'ouvrait le velours vaste
Du ciel gemmé de joyaux lourds.

Amants albides sous la lune,
Qu'importe donc ce que vous font
Les secrets qui tourmentent l'une
Ou dont l'autre se rit au fond !

Cueillez la nuit qui vous écoute
Et qui se penche sur vos fronts.
C'est une fleur : elle ne coûte
Que ce mot que nous vous offrons.

Emportez-la dans vos doigts blêmes
Pour en parler sur vos chemins,
Car vos silences sont blasphèmes
Pleins de tragiques lendemains.

X

MARCHE A LA NUIT

1

ALCHIMIE

Dans les vapeurs de l'alchimie
Où tu te complais à présent
En vain tu cherches le présent
D'un démon à la voix amie.

C'est le présent du démon fou
Dont la main tremble pour se tendre
Et te rend quelque forme tendre
Couleur de nacre et de rocou.

C'est le présent de l'impossible,
C'est des jours morts le bel anneau
Qui sort du magique fourneau
Et que ta lame prend pour cible.

Laisse enfin l'espoir qui te nuit.
Laisse là toutes les cornues.
Les cloches du soir sont venues
Et tu n'attends plus que la nuit.

2

ABÎME

Le soleil n'est pas dans l'abîme
Où, le cœur triste, tu descends.
Là t'attendent de chers absents,
Mais pleins de l'ombre qui les grime.

Que ferai-je, ô rayons défunts,
Près de cette eau tragique et noire ?
Les pétales, sur cette moire,
N'ont plus ni couleurs ni parfums.

Qui donc a chanté la lumière
De ces bords à jamais perdus
Où sont les Huns et les pendus
Et le Titan mort sur sa pierre ?

Détourne-toi de ce vain lieu
Devant lequel Jésus recule.
Tout s'assombrit au crépuscule
Au seuil du grand secret de Dieu.

3

L'OMBRE

Je plie ainsi qu'il faut la langue à mon secret ;
Je hume l'air natal comme une rare essence,
Et, devant le rideau des jours creusés d'absence,
Quand vient le soir mon cœur se charge de regret.

La mort n'est plus un mot qu'on touche sans y croire
Mais l'immense univers que nous fouillons du doigt ;
Et je divague aussi lorsque mon âme a froid,
Pleine du chant des nuits et de leur force noire.

4

LE JEU POÉTIQUE

Qu'es-tu, toi qui reviens dans les jeux éternels ?
Qu'es-tu, sinon la bête aux ailes abîmées,
Lasse des chants perdus et des vols solennels
Parmi les ciels géants aux voûtes enfermées.

Les nuits ne sont plus rien que des relents profonds.
Le passé qui s'ébroue est un sanglot de veuve.
Ces hommes sont pantins qui tremblent aux plafonds.
Retourne au jeu vivant, plein d'or, et qui t'émeuve.

5

LA VOIX

Cette voix que j'écoute erre des profondeurs,
Celles que font les vents, et les mers, et les routes,
Et le temps, rassembleur des fresques et des voûtes
Pleines de frôlements, de chairs et de hideurs.

Il semble, voix perdue aux rives traversées,
Qu'humides soient pour moi tes souffles et tes mots.
Je ne perçois plus rien que le rythme des maux
Qui pèsent, tel l'écho d'invincibles pensées.

C'est en vain que les jeux, les secrets et les bruits
Te chargeraient de sons que je n'entends plus guère.
Tous les lointains des continents et de naguère
N'ont pour me reparler que cette voix des nuits.

6

L'IMPUR

Si l'impur est ici qui recherche sa proie,
Qu'il vienne vers celui que l'ombre a dévoré.
Qu'il vienne. Je n'ai plus ni tristesse ni joie.
Je suis ce vaisseau noir au fond du port ancré.

Je ne crains pas le vent aux forces étésiennes,
Ni les algues, nœuds verts aux rythmes attachants.
Le mal va sans danger murmurer ses antiennes,
Pleines d'appels, de cris, de rires et de chants.

L'impur sera pour moi la bête fauve et neuve
Que chacun dans le soir se plaît à caresser.
Et je saurai, voulant que ma fierté s'émeuve,
La vaincre sans un heurt qui me puisse blesser.

7

L'IMPOSSIBLE

Ton cœur paraît encor tout imbibé de nuit.
Tu cherches. T'égarant parmi d'étranges voûtes
Tu forges quelque rêve en un monde sans bruit,
Et tu le vois, perdu dans des pays sans routes.
Une ombelle veut naître au secret de tes pas.
Écoute cet appel qui te vient de la plaine.
Méprise l'heure trouble où le soleil est bas.
Que s'éveillent tes yeux lorsque souffle l'haleine
Dans laquelle s'épand comme un présage ami.
Pourtant, telle la femme en étirant sa laine
Qui songe à son enfant dans la terre endormi,
Tu vas, plus dépouillé que les ondes nocturnes,
Ivre de tes mots tus, dément, gueux à demi,
Tourné vers le remords des bises taciturnes.
Ainsi, que te sert-il, au fil de ton été,
De confier tes jours aux grandes cités claires,
Si ta vie est ailleurs, où tu n'as pas été,
Où nul n'ira jamais sans doute, où tes prières
Se meurent dans un chant que tu ne peux chanter ?

8

L'ÎLE

J'ai rêvé de la terre où vont des hommes bleus.
Les Sères ne sont pas sans doute plus étranges.
Des femmes à genoux leur tressent les cheveux
Et barrent leurs yeux clairs avec de longues franges.

Ils sont là-bas dans l'île où jadis est venu
Le conquérant suivi de trois esclaves mornes.
Un héraut, vers la mer, tranquille, grave et nu,
Regarde ; et le granit étend ses rouges bornes.

Je cherche ce morceau de brume et de buissons,
Tendant les bras, pareil au docte somnambule.
Où donc est-il, ce pays-là, plein de frissons,
Que le rideau des nuits protège et dissimule ?

9

LA GLOIRE

J'ouvre le lourd vantail d'une porte future.
La nuit couvre le sol de tragiques flocons.
Là même où tous, ombres funèbres, nous vaquons,
J'avance encor, rêvant des voix de l'aventure.

C'est l'aventure immense où le temps engloutit
Notre plèbe couchée en l'affreux pêle-mêle.
Mais dans le triste amas que tant d'horreur nivelle
L'avenir y peut voir le grand et le petit.

Je pousse le battant de la secrète porte,
Béante sur un ciel plus beau que la clarté,
Vaste miroir où sont pour l'immortel été
Ces visages vivants malgré leur bouche morte.

10

ERRANCES

Perfides mouvements et cruelles errances,
Vous ne m'avez donné que l'exil et la nuit,
Dans ce leurre éternel des nouvelles partances
Et cette triste joie avec son morne bruit !

Je me regarde ici sur ce chemin de terre.
Le bonheur que voilà ne pourra plus fleurir.
Ta bouche jette au vent les cris qu'il te faut taire
Et ton corps épuisé se couche sans mourir.

Devrai-je chaque jour reprendre cette route,
Celle qui veut, avide, éloigner l'horizon,
Comme un homme poussé sous la funèbre voûte
Qui s'en va, ne cherchant ni jardin ni maison ?

Je saurai seulement demander à la brume
De me cacher l'ennui du vieux bourg traversé,
Ignorant le seuil calme où modeste se hume
Le frêle instant posé sur son frêle passé.

Je fermerai les yeux durant ce court voyage
Sur le flot murmurant de havres inconnus
Et tracerai très vite, et muet, le sillage
De mes pas plus légers que l'ombre des pieds nus.

Car c'est le soir, devant les demeures des villes,
Qu'on aperçoit le mieux tout le néant des mains,
O mains qui n'êtes ni glorieuses ni viles,
Mains vides, pauvrement vides, débris humains !

11

LE MYSTÈRE

Va trouver au fond des ruelles
Les fantômes de tes amis
Lourds du manteau noir que les pelles
Sur les épaules leur ont mis.

Ils sont tous là depuis l'an mille
Avec leur peine et leurs yeux creux.
Forment-ils une plèbe vile
Ou bien un peuple fier et preux ?

Dans leur monde paré d'étoiles
Je leur parle comme un dément
Et pose les mains dans leurs voiles
Emplis des bruits du firmament.

Ils sont tous là. Mais leur détresse
Est-elle au vrai ce qu'on nous dit,
Et dans cette nuit qui les presse
Chacun sait-il s'il est maudit ?

Ont-ils connu l'arrêt du Juge ?
Quel mot déjà les a flétris ?
Que vaut l'appel en ce refuge ?
Dans ce lieu-là quels sont leurs cris ?

Qui donc a vu l'immense porte ?
La cherchent-ils, ces devisants
Grands du secret de leur voix morte
Loin de la géhenne des ans ?

12

LE BALCON

Au long balcon de la jeunesse
Chacun de nous se penche et rit ;
Son flanc se courbe et forme une S
Et même le fer y fleurit.

On n'y voit pourtant pas grand-chose
Sinon un peu de gloire au fond.
La pierre est dure où le pied pose ;
Le ciel est bien haut pour plafond.

On écoute crier les cygnes
Qui font de la mort un concert.
La mer au loin trace des signes ;
Triste est le vin que l'on nous sert.

Et puis la plaine devient grise.
L'horizon se ferme bientôt.
Le vent du soir chasse la brise.
Ta tombe est là sur le coteau.

13

LES IMPUNIS

Celles qu'on nomme au temps passé
Les filles douces de l'Érèbe,
Courant sur les marches de Thèbe
De leur pas bruyant et pressé,

Ne sont plus pour nous qu'âmes folles
Et remords des dieux accablés.
Nous n'avons ni fouets, ni clés,
Ni les serpents de leurs symboles.

Tue ou mords, nul ne te poursuit ;
Perdus sont leurs voix vengeresses
Et les reptiles de leurs tresses :
L'Érèbe est frère de la nuit.

14

LE FLEUVE

Le naulage était bien minime
Pour passer le fleuve des morts.
Mais qu'en dis-tu, temps qui me mords,
Bourreau sinistre, avec ta lime ?

Nous voici dès lors parvenus
En des jours où n'est plus ce fleuve
Dont le nocher aidait la veuve
Et faisait grâce aux hommes nus.

Il nous faut doubler le passage
Sans savoir même ce qu'il est.
L'esclave est libre et le valet
N'est point ce guide sûr et sage.

Demande à celui qui là-bas
Semble triste et plein de pensées.
Connaît-il les eaux traversées
Par tous ceux dont restent les pas ?

Il répondra : « Bah ! Que m'importe !
Le chemin est trop sale et gris,
Et par-delà les champs flétris
On ne voit ni rive ni porte. »

Va, traîne aujourd'hui ce fardeau.
Un dieu marche et rit sur la route.
Suis-le toujours, franchis la voûte,
Et ne cherche pas le cours d'eau.

15

LA NUIT

La nuit qui te fait peur, qui t'angoisse et te cerne,
C'est le tombeau déjà, c'est l'aire aux bois épais.
O nuit, monstre malsain comme celui de Lerne,
Tu tords des bras affreux par-dessus tes marais.

Nuit, démon consterné sans flammes et sans braise,
Qui fouilles chaque soir les mondes engloutis,
Ton aile ouvre un pays dont plus rien ne s'apaise,
Où tu tiens confondus les forts et les petits.

Nuit, cimetière sans muraille, où s'amoncelle
Le grand peuple des morts et des hommes vivants,
Tu vas jusqu'à meurtrir la divine étincelle
Et le soleil s'éteint quand tu clos tes auvents.

16

L'OISEAU

Dans mon rêve l'oiseau parlait.
L'oiseau blessé disait : « Je souffre. »
Montant des ténèbres du gouffre
Sa voix divine m'appelait.

C'était l'oiseau des fables mortes
Comme il en est au bois profond
Quand les arbres dans leur plafond
Montrent le ciel aux grandes portes.

Je tendais le bras et la main
Vers la sublime créature.
Mais je perçus l'humble murmure :
« Il est tard. Attends à demain. »

Le lendemain dans la lumière
Plus rien désormais n'était plus
Et l'oiseau-dieu du noir talus
Avait emporté sa prière.

17

L'ÉDIT

Quand le héraut jadis ployant son halecret,
Homme lige du sceptre, arrogant et secret,
Se penchait lentement sur la crinière fauve
Pour dérouler au sein d'une lumière mauve
Le parchemin paré de signes et de sceaux,
Alors on écoutait, ainsi qu'aux arbrisseaux
Se taisent tout soudain en la fourbe épouvante
Les chants frêles des nids que l'aigle noir évente,
Et chacun regardait l'étrange cavalier.
C'est de la sorte, ô toi qui près du lourd pilier
Contemples le halo d'une sainte statue,
Que tu recueilles l'ordre, écho d'une voix tue
Au creux du monde obscur qu'à peine nous savons.
Quel est ce souverain dont mornes Esclavons
Nous attendons l'édit plein de funèbres lignes ?
Quel roi fier, ignorant les sources et les vignes,
Nous dicte ce destin qui nous accable tous ?
Nous marchons comme font les forçats et les fous
Parmi le cliquetis de nos mains enchaînées.

Soumettez au héraut vos têtes prosternées
Tandis que de sa bouche échappent les mots vains,
Peuples humiliés d'anathèmes divins
Que plie au seuil du soir la honte imméritée.
Prince, démon ou dieu, qu'importe à la bractée
Le nom de cette fleur dont l'ombre écrase et nuit ?
Le messager vous traîne aux rives de la nuit.
Son maître est le bourreau qui se rit de sa proie
Et dont le poing de fer vous torture et vous broie.

18

INGRES

Ingres, long masque tourmenté,
Me dévisage de sa toile,
Et son odalisque sans voile
Me trouble moins dans sa beauté

Que ce grand appel insolite,
Venu peut-être d'au-delà,
Et que j'écoute, figé là,
Penseur tranquille et monolithe.

Autour écache le parquet
Et tourne un groupe qui pérore
Sur le ruban dont se décore
La boutonnière ou le bouquet.

Que me dis-tu, voix du génie ?
Seul me parle ton œil profond,
Car ta bouche est tragique au fond
Et me tait bien ce qu'elle nie.

19

LE SURVIVANT

J'ai monté les chevaux traînant des draperies
Et prêté des serments à des rois inconnus,
Vaincu des héros noirs armés de glaives nus,
Aimé la châtelaine aux longues rêveries.

L'ancêtre que je suis n'est peut-être point mort.
Familier de la nuit qu'épargne le mystère,
J'ai le regard chargé par l'ombre de lumière,
Vieux nautonier debout dont la nave est au port.

20

SUZEL

J'ai retrouvé des mots que vous m'aviez écrits,
Au seuil de votre nuit, ô fraternelle amie,
Lors d'un dimanche noir, au temps du noir Paris,
Dans un café latin, lumineuse accalmie.

Je vous revois toujours dans le petit café.
Vous chantez au-delà des rives d'asphodèle.
Je cherche votre main sur ce nom paraphé.
Ma solitude écoute, et souffre, et vous épelle.

Je lis et je relis l'insondable feuillet.
Ce passé-là déjà n'est plus de mon escorte.
Pourtant, voici renaître aux cordes du sillet
Les mots inoubliés tracés par une morte.

21

QUAI

Gonflé d'ombre, à ce bout du quai
Danse le spectre de l'épreuve.
Il ne monte de l'eau d'un fleuve
Jamais quelque souvenir gai.

Or voici le fantôme immense
Et puis la fille d'une nuit.
On croirait presque un même bruit
Car c'est bien la même romance.

Qui donc a su ton désarroi ?
Mais quel homme aurait pu le croire ?
On ne lit pas dans l'âme noire
Où l'on dit le mensonge roi.

Regarde tes morts dans leurs voiles
Dont tu sens désormais le poids
Et pense à leurs yeux quand tu vois
Au fond du fleuve les étoiles.

22

LE GRAND CHIEN NOIR

Le grand chien noir m'avait suivi
Tel un enfant que l'on malmène,
Et sur sa face presque humaine
Parlait un vœu mal assouvi.

Le grand chien noir vint sous mes livres
Et dormit, immense, à mon pied,
Chargé de rêve, ainsi qu'il sied
Au long sommeil des âmes ivres.

Puis il partit, morne et bancal,
Comme un larron va vers sa bande.
Depuis, il hurle sur sa lande
Dans le jour vide et monacal.

Le grand chien noir plein de tristesse
Cherchait la flamme au fond des yeux
Et tout son front mystérieux
Ne méprisait que la caresse.

Fervent des soirs et des mots purs
Il quêtait l'aire du saint grave
Qui l'eût conduit, compagnon hâve,
Dans les décombres et les murs.

Le grand chien noir aimait les chantres,
Ceux que l'on trouve aux archipels
Loin des méchants et des appels,
Errant tranquilles dans leurs antres.

Le grand chien noir aimait l'amour,
L'amour secret que donne l'homme
Lorsque son cœur est une somme
De regrets et de chagrin lourd.

23

DÉROUTE

Dans la déroute flotte une ombre.
Est-ce un fantôme, est-ce un vivant ?
La terre est lourde, le ciel sombre,
Et l'on avance dans le vent.

Mais sait-on si l'on est soi-même
Vivant, ou mort, ou moribond ?
Sait-on si l'on hait, si l'on aime,
Si notre cœur est vil ou bon ?

Qu'importe ! On s'en va sur la route
Et l'on marche au destin marqué.
A chaque ornière l'on se voûte
Et l'on subit l'inexpliqué.

C'est la déroute sans histoire.
Toi qui me lis, la connais-tu ?
C'est cette heure profonde et noire
Où l'esprit tout à coup s'est tu.

24

L'INCONNUE DE LA SEINE

La Seine en ce temps-là berçait une Inconnue,
Frileuse, enfant blottie en ses bras repliés.
Ses cheveux, flots jetés sur son épaule nue,
Coulaient sur cette morte ainsi que des colliers.

Ses yeux disaient déjà les hymnes et les psaumes
Qui viennent du secret des rives qu'on poursuit ;
Des étoiles traînaient dans le creux de ses paumes
Et sa bouche rieuse épouvantait la nuit.

25

CENDRE

Viens te pencher sur cette cendre.
Ton œil s'effrite en ce miroir.
Par lambeaux ton corps va descendre
Dans l'insensible et dans le noir.

La cendre éparse sur la route,
Cendre des morts, cendre des mots,
Ternit le ciel, sublime voûte,
Les enfants et les animaux.

Oui, tu ne vois plus à la ronde,
En ébauchant ton geste vain,
Que la cendre, tapis du monde,
Pauvre humus et dernier levain.

Mais l'âme, avant que s'enfouisse
Le reste impur de cette chair,
Y trouve encor tout ce qui crisse
Du long chemin qui lui fut cher.

26

LE PENDU

A l'heure où dorment les Pléiades
Tu t'en vas où le vin conduit
Tandis qu'avec d'humbles aubades
D'autres fous câlinent la nuit.

Nul ne connaît rien de ton drame
Sinon cette ombre en ta raison ;
Tu fuis le chien, l'ami, la femme,
Et tu n'as ni feu ni maison.

Héros du soir que le vent griffe,
Enfant peureux, amant perdu,
Toi que tout chasse et que tout biffe,
Tu te vois déjà suspendu.

Tu vois ton cou sous la lanterne.
Tes yeux sont noirs et ton long corps
Ainsi qu'un pavillon en berne
Donne un symbole à nos décors.

27

CONSEIL

Laisse parler la prophétie
Qui vient de l'ombre et du rocher.
La mort est là qui te soucie
Sans te connaître et te chercher.

Songe au sanglot de ta jeunesse,
Aux jours secrets de ton printemps ;
Qu'à présent ton cœur reconnaisse
Ce chant clair que toi-même entends.

Rien n'est perdu quand l'heure avance.
Mets tes mains aux derniers lilas
Qui sont encor de ta chevance
Loin des chagrins que tu voilas.

28

L'AUTOMNE

Avance aux rives de l'automne.
La floraison n'est plus pour toi.
Et ce vieil hymne, qui l'entonne
Sinon le soir et le vent froid ?

Mais rien n'est beau comme la rouille
Qui jette au bois dans le couchant
La tache fauve où l'or se brouille
Aux sillons brunis de ton champ.

Rien n'est beau comme la sagesse
Qu'a fait mûrir tout un été
Et que désormais nul ne blesse
Près du seuil de l'éternité.

Avance aux rives du grand fleuve
Où combien d'autres sont venus
Et dessine une courbe neuve
Dans la trace de tes pieds nus.

29

L'ÉTOILE

Qu'importe au fond ta corde neuve !
Ignores-tu quel est ton lot
Quand chaque vers est une épreuve,
Quand chaque strophe est un sanglot ?

Regarde là ce long cortège
Avec son rythme compassé.
Est-il un seul qui te protège
De tous ces gens du temps passé ?

La mer a pris, moire divine,
Tes vaisseaux lents peuplés de morts,
Et l'horizon que l'on devine
N'est qu'une ligne de remords.

Oublie un peu l'ombre qui voile
Le ciel sans fin que tu détruis.
L'amour n'est plus, mais cette étoile
Est bien plus belle au cœur des nuits.

30

LE PLAFOND

Vois la chair sur le long plafond
Parmi les voiles et les casques,
Cette pourpre et ce bleu profond
Où Melpomène met des masques.

C'est triste, tel un boulevard
Charroyant en ses creux dimanches
La famille à l'enfant bavard
Et d'humbles filles toutes blanches.

Le plafond et ses chevaux gourds,
Et son latin sur une borne,
Plein de ses dieux muets et sourds
Est la vaste frontière morne ;

Car le plafond, sombre ni clair,
Cache à nos yeux la grande voûte
D'où retombe, écho de l'éclair,
L'immense voix qui nous envoûte.

31

FUNÈBRE

Le désespoir des jours sans voix
Sous le ciel bas des servitudes
Semble un ravin des solitudes
Que l'homme compte avec ses croix.

Clame à la voûte ce délire
Où comme en crypte l'on descend
Pareil au mage dont le sang
Fait la légende qu'on veut lire.

Au loin se tord un large éclair
Cerné de toits aux traces bleues.
Les bois où vont, serrant leurs queues,
Les loups du soir au morne flair,

Ne sont que lieux de hâtes graves
Parmi les porches et les murs
Dressés au long des troncs impurs
Vers d'invisibles architraves.

Module un peu l'étrange cri.
Ne dis rien qui soit espérance
Et que dans l'ombre ta souffrance
Ne devienne qu'amour flétri.

Chante pour toi ce deuil informe.
Ne cherche point ce qui t'est dû.
Laisse le trille suspendu.
Que tout s'éteigne et tout s'endorme.

Viens, la forêt hume la mort.
Là le destin bruine et vente,
Et le langage que j'invente
Est lourd de peur et de remord.

32

VIDE

C'était une heure de septembre.
La mort entrait par le miroir.
Ta chevelure sentait l'ambre.
Tes doigts dansaient gainés de noir.

Ta voix peureuse et retenue
Se nuançait d'étranges mots
Et tu voilais ta grâce nue
A la fois d'ombre et de rameaux.

C'était la nuit, triste marée,
C'était du rêve l'humble exil,
Et sa nef au vide amarrée
Cherchait l'ancre des temps d'avril.

Mais tout fermait la rade immense
Aux mâtures de l'avenir.
Le jour sombrait où recommence
Ce que Dieu seul verra finir.

33

VEILLE

Tu gardes tes morts en silence.
Inutiles sont les flambeaux.
Près d'eux, des anges blonds et beaux
Les protègent, tendant leur lance.

Tes morts sont là, muets et chers,
Et ton regard secret les grime
Quand tu te penches sur l'abîme
Parmi leurs ombres et leurs chairs.

Cerné de rires et de robes
Tu retournes seul aux chemins
Riches d'ors et de lendemains
Qu'à Dieu lui-même tu dérobes.

Hante les hôtes de la nuit.
Que leurs sanglots soient tes épreuves.
Longe les berges de leurs fleuves.
Mais ne dis point ce qui te nuit.

34

L'ALCYON

Aux approches des jours d'hiver,
A l'instant où s'éteint l'écume,
Le noir pétrel coiffe la mer
Qui brasille tout près de Cume.

C'est l'alcyon des temps anciens,
L'oiseau tranquille des présages,
Avec ses nids musiciens
Où se cachent des amours sages.

Ami de l'homme grave et seul
Qui se souvient d'une blessure,
Couvre d'une aile ce linceul
Que fait l'eau perse, noble et sûre ;

Regarde à jamais devant toi
L'éternité morne et limpide,
Et deviens le sublime roi
Sur cette plaine qu'un dieu ride.

35

SCIENCE

Reliure, parchemin blanc
Que l'encre marque d'une frange,
Forme sans voix, peau chaste, flanc
Rayé par une griffe étrange,

Toi que la main, calme bourreau,
Meurtrit, victime raide et nue,
Sois le désir tranquille et beau,
Sois l'aube noble revenue ;

Éteins du cœur les amours sots
Pleins de funèbres tentacules,
Et que tes bords brisent leurs sceaux
Flambant de rouges crépuscules.

36

POÉSIE

La poésie est cette eau pure
Que l'on entend sur les chemins
Et qui palpite, froide et dure,
Parmi la vasque de nos mains.

L'enfant l'écoute et la recueille
Sans y penser, comme l'oiseau,
Coquille verte ainsi que feuille,
Trille qui chute du roseau.

La poésie est ton amante,
O toi qui sais la voix des mots,
Toi que l'ombre effleure et tourmente
Avec des bonheurs pleins de maux.

Poésie âpre des nuits mortes,
Secret des yeux et des frimas,
Ouvre le gouffre de tes portes
Aux longues sylves de nos mâts.

TABLE DES MATIÈRES

TABLE DES MATIÈRES

II

ENFANTS

III

PRIÈRES

IV

AMOUR

V

AMOURS

VI

PHILIPPE

VII

HÉROS ET MYTHES

VIII

MÉDIÉVALES

IX

MODERNES

X

MARCHE À LA NUIT

IMPRIMERIE F. PAILLART
ABBEVILLE

N° d'impression : 3266
Dépôt légal : 4e Trimestre 1974.